Les Femmes Brilliantes

大好きなことだけして生きていく

大人の女のルール

「好き」を「仕事」にしてお金を稼ぐ51の方法

岡村安来子
Akiko Okamura

SOGO HOREI PUBLISHING CO., LTD

はじめに

この本を手にとっていただき、ありがとうございます。
本書では「好き」を「仕事」にしてお金を稼ぐための方法をご紹介していきます。
あなたは、

「もっと自分の好きなことをして稼ぎたい」
「経済的に自立し、お金に困らない生活がしたい」
「人間関係に振り回されない生き方をしたい」
「毎日ワクワクしながら、楽しく暮らしたい」
「誰にも縛られない自由な生き方をしたい」

そんなふうに思うことはありませんか？
誰もが「好きなことをして生きていきたい」「もっと自由に人生を謳歌《おうか》したい」と

思うにもかかわらず、私たちは「好きでもない仕事」をしたり、「好きでもない人」と一緒にいたりして、お金や仕事、人間関係に悩まされ、楽しくないと思いながら過ごしたりします。

どうして自分がやりたいと思うこと、と実際にやっている現実が違ってしまうのか？

それは、自分の好きなことではなく、無難に生きていけるようにと、親や社会、周りの人から思い込まされているからです。

「好きなこと・やりたいことでは食べていけない」
「人生は楽しいことばかりではない」
「みんなと同じようにコツコツ働くのがいいこと」

と言われて、なんとなく自分の人生を選択してしまっているのです。

本来、人はみな自由が与えられています。しかし、みな不自由を選択させられているのです。

あなた自身の人生なのに、それでいいのでしょうか？
もっと好きなこと、大好きなことだけをして生きていきたくないのでしょうか？

女性の自由はいつ奪われるのか？

この本は、本気で自由に、大好きなことだけをして生きたいと思う、すべての女性のために書きました。

私は「女性のための生き方・働き方・稼ぎ方」を教えている起業コンサルタントとして活動しています。私のお客様に多いのが、もっと自由に好きなことをして、自分の力で稼ぎたいという方々です。

男女平等とは言葉だけで、女の自由はいつも奪われています。

「女だからこうしなければいけない」という決まりは数多くあり、経済的不自由、時間的不自由、人間関係においても自由は制限されているのです。

最近は共働きの家庭も増えてきましたが、共働きだからといって家事が半分になるわけではありません。男性が主夫の家庭もありますが、いまだ多くの家庭は「家事は女性がやるもの」という状況になっているのではないでしょうか。

私の場合、子どもを産んで自分の時間などなく、家事や育児に明け暮れていました。そして、どれだけ頑張っても一円も稼げていないことを悲しく思ったことがありました。

女性の不自由は、「経済的な不自由」から始まります。

わかりやすくいえば、誰かに経済的に依存していることで、自分の人生を自分で選択できなくなってしまいます。時間においても、人間関係においても、お金の使い方においても、どんどん自分の好きにはできなくなってしまうのです。

逆を言えば、自分で稼げるようになると、すべてが一気に逆転します。

自分の好きなことをしながら、自分の力で稼ぎ、経済的な自立ができるようになると、大事になってくるのは、「何を選び、何を選ばないか」です。何をやると決め、何をやらないで捨てることができるかにかかっています。

どうあがいても、自分しか生きられない

私は本書でお伝えする「大好きなことだけして生きるルール」を実践することで、

自分を変えることができました。

誰かに頼り、依存しているということは、人生の選択肢が減ることを意味します。依存すると、何かをするたびに引け目を感じることになり、何かをされることに我慢しなきゃいけないことも増えていきます。誰かに頼るというのは楽なようで、自分を苦しめるものでもあるのです。

この本では、すべての女性が自分の大好きなことだけをして稼ぎ、自由を手に入れるためのマインドと方法をご紹介していきます。

自分で稼ぐことができれば、あらゆる選択肢を自分で選べるようになります。お金が手に入るのと同時に、気持ちの充実感も手に入れることができ、将来を不安に思うことも少なくなります。

「いざとなれば、私一人で生きていける」

そう思える状態が、女が自由を手に入れるための鍵なのです。

本書を読み、あなたが「お金の自由」「時間の自由」「人間関係の自由」を手に入れ、自分の人生を思い通りに生きられる一助となれば、著者としてこれに勝る喜びはありません。

岡村安来子

CONTENTS

CHAPTER 4
自由を手に入れるための「自分でお金を稼ぐ」方法

CHAPTER 5 大好きなことだけして生きていくために捨てるべきこと

CHAPTER 6
大好きなことだけして生きていく自分に変わるルール

編集協力／鹿野哲平
ブックデザイン／和全（StudioWazen）
本文ＤＴＰ／横内俊彦
校正／池田研一

CHAPTER 1
自由を手に入れるための「お金のマインド」

「なんでもいい」から「これだから選ぶ」へ

私たちは常にいろいろな選択をして生きています。何を食べ、どこに住み、誰と一緒にいるか、誰から学ぶか、何を学ぶか、何を仕事にするか、どのように稼いでいくか……など、たくさんある選択肢から正しいもの、自分に適していると思えるものを選ぶために、情報の渦に身を投じているようなものです。

そして、情報を知れば知るほど何が正しいのかわからなくなり、結局「なんとなく」で選んでしまうことが増えているのではないでしょうか。

人生を変えていくコツは、「これだから選ぶ」という選択を意識的に行うことです。

例えば、日頃の買い物で「いつも買っているから、今日もこれを買おう」と選択せずに、習慣化してしまっているのなら、その習慣を変えていくのです。

「これだから買う」「これだから選ぶ」と小さな選択でも意識するのです。「なんでもいい」「とりあえずこれでいい」というような無思考の選択を続けると、いざという時に判断が鈍る可能性が高いのです。

とくに、「親が選んだもの」からは、早めに卒業しましょう。

「親が言うから従う」という習慣があると、後悔を生みやすくなります。

「親がこの大学に行けといったから」「友達がすすめてきたから」……など、親といえども、他人の選択に左右されていると、自分の人生を自立して歩めなくなるのです。

親とあなたはまったく別の人間で、まったく違う人生です。

親がお互いにパートナーを選んだように、私たちは一緒に暮らす相手を選ぶ時が訪れます。

その時の相手はどんな選び方をするのでしょうか？

経済力のある人を選びたいと思った時には、相手に出会える場所に出かけなければいけません。シンデレラだって王子様に出会うためにドレスを着て、自分を綺麗に着飾って舞踏会に出かけますよね。

どんな出会いであっても、自分で選ぶことが大切です。

誰かに言われたままにしたことは後でうまくいかなくなった時に、その人のせいにしたくなるかもしれません。

その人がどんなアドバイスをしようと、最終判断は自分。結果どうなるか、何かを得たり失ったりするのも自分です。

チャンスの神様は前髪しかないと言われています。後ろ髪がないので、あとから髪を掴もうとしてもダメだということ。自分で選ぶ習慣のない人は、そのチャンスが来た時、瞬時に掴むことができなくなります。

だからこそ、選択肢を自分で選ぶために、普段から自分の選択で生きることが役に立ちます。

自分の人生の決定権を誰かに委ねてはいけないのです。

自分の人生は自分が主役。だから男性に選ばれる必要はありません。経済力が魅力でも、性格が魅力でも自分で選ぶのです。

それを誰かが失敗だと笑っても、自分で選んだなら誰に何を言われてもきっと大丈夫。

自分が幸せになると信じて決めると世界は広がっていきます。

お金は「誰かに与えてもらうもの」から「自分で手に入れる」へ

お金を与えてもらう思考の人と、お金を自ら手に入れる思考の人がいます。

これはどちらがいい悪いというものではありません。

私はずっと誰かに与えてもらうものだと思っていました。会社員時代や、結婚して夫のお金で生活している時がそのような状態だったかもしれません。

でも、「自らお金を手に入れる」というマインドになってから、人生が変わり始めました。

自分は働かずパートナーが稼いでくれる状態は一見恵まれていますが、人からお金をもらうことが当たり前になってしまう場合があります。

お金をもらえるから、体や気持ちは楽かもしれません。ですが、お金をもらうということは、その同等の価値を相手に委ねている状態になる可能性があります。

「働いてもらっているんだから、家事は全部しなきゃいけない」
「会社からお給料をいただいているんだから、嫌な仕事でもやらなきゃいけない」

つまり、お金をいただいている代わりに、自分の時間や労力や自由を人に委ねていることになります。すなわち、「自分の人生の可能性」を失ってしまうことになります。

会社からお給料をもらう代わりに自分の時間や自由を委ね、自分の人生の可能性を失っていることに気付いていますか？

それを理解して会社で働いているのなら問題ありません。でもそうではなく、「なんとなく、これでいいや」と思って働いているなら、一度立ち止まって真剣に考えてみましょう。

「本当にしたいことは何だっけ？」

もしも、いまの会社の仕事以外に、やりたいことがあるのなら、そしてもっと自分の人生の可能性を広げ、輝いていきたいという思いがあるのなら、「お金は自分で手に入れるんだ」と決めて、真剣に考えてみてください。

以前の私は、「仕事は我慢料をもらっている」と本気で思っていました。仕事はつらいもの、つまらないもの。でも、生活のためのお金がもらえるんだから我慢しなきゃと思っていたのです。

これはまさに、自分のやりたいことや時間、可能性を自ら放棄していた生き方です。

でもあるとき、気付いたのです。

「自分が頑張って稼いだらいいんじゃない？」と。

私はその瞬間から、「仕事は我慢料をもらっている」という考え方を捨てました。

「自分で稼ぐ。そして、本当にやりたいことをやって、自分の時間の使い方は自分で決めていく」という考え方に変えたのです。

もちろん、それだけですべてが上手くいったというわけではありません。

でも、そう考えるようになってから、一気に自分の人生の可能性が大きく開いていくことを実感しました。暗鬱《あんうつ》とした気持ちで見ていた自分の人生が、まだまだ光り輝いてくようなイメージができるようになりました。

女性にとって一番大事なお金のマインドセットは、

「お金は自ら稼ぐもの」

と決めることです。

その瞬間から、自分を動かすエネルギーを手にすることができます。やりたいことだけでは、自分も人も動きません。

「自分でお金を稼ぐんだ」と決めたときに、自由を手にする第一歩を踏み出せるのです。

会社や夫・パートナーからお金を安心してもらえるなら変わらないのもいいでしょう。

ですが、自分で稼ぐことは相手も自分も幸せになります。

周りにいる人が自分の好きな人ばかりになるのも自分で稼ぐメリットです。

長い時間を過ごす会社での人間関係に悩んでいる時間はもったいないとは思いませんか?

「私には何もできない」なんて悲観しなくて大丈夫。

あなたが自分で稼ぐ・稼ぎたいと本気で思った瞬間から未来は変わり始めるのです。

女性は男性以上に稼ぐチャンスにあふれている

いまは誰もがスマートフォンやパソコンを持っている時代になりました。昔はインターネットに繋ぐだけでもすごく時間がかかったものが、ネット回線速度も上がり、動画も写真も即座に見ることができます。

スマートフォンが登場してビジネスが変りました。いまでは誰もが、フェイスブックやツイッター、インスタグラム、ユーチューブ、ラインなどのSNSを使うようになりました。

これらが登場してから、このビジネス・サービスは「誰がやっているか」がより重要視されるようなりました。

これまで「経営者は誰か」、「サービス提供者はどんな人なのか」はほとんど可視化されていませんでしたが、SNSが登場したことで顔出しが当たり前になり、このサービスを提供しているのはどんな人か、どんな会社かということが見られるようになったのです。

インターネット上で「いいな」と思われたり、「イマイチだな」と一瞬で判断されたりしていますが、その判断基準は文章よりも動画や写真の役割が大きくなっています。

動画や写真で見せることができるということは、男性以上に女性のほうにチャンスが増えていくことを意味します。

例えば、エステサロンやコーチングビジネスなど、対面のビジネスにおいてお客様が女性である場合、できれば女性にやってもらいたいというニーズは多くあります。お客様が男性であっても、男性よりも女性に教えてほしいということもあるでしょう。実際私のお客様で、エクササイズ系の教室を運営している女性の方が活躍されているのですが、テキスト中心のブログ以上に、インスタグラムやユーチューブからの発信のほうで売り上げが大きく上がっています。

動画で実際の動きを見せ、また様々な話を聞かせることができるほうが、伝わりやすく、お客様にも安心感や信頼感を与えられるため、「この人にだったらお願いしたい」というお申し込みに繋がっています。

また、私の年上の友人で還暦なのにまったくそうは見えないイメージコンサルタントの方がいます。彼女は美しさやスタイルの良さで年齢を感じさせません。

彼女は、美しさを保つコツやマインド、メイクの方法などを教えていますが、インターネット上で顔を出して、素敵なドレスを着こなしているからこそお客様が来てくれています。

まずは、情報を発信してみることから始めよう

女性は自由に働き、稼ぎ、生きている人に惹かれますよね。「こんなふうになりたい」を体現してくれているから彼女たちは支持されています。

女性だからこそわかるキュンとくるポイントを突けるし、女性が感じている悩みや問題を解決してあげることができる。

また、昔から男性よりも女性のほうが家庭の財布の紐を握っていたり、男性以上に自分磨きをしたりする傾向があるので、女性向けのビジネスが盛り上がっています。

だからこそ、女性のビジネスチャンスが増えてきているのです。

いまは、自分の経験や知識を提供してビジネスをするのが当たり前になっています。あなたも自分で稼ぎたいと思うのであれば、自分は何に興味があるのか、まずはそこから見つけてもいいでしょう。

あなたが興味を持ったことに対して知識や経験ができてくれば、それを発信していくことで、多くの人の悩みを解決することができるようになります。つまり、そこからお金をいただくビジネスになっていくのです。

いまは誰でもビジネスができる時代です。

そのためにはまずブログやメルマガを始めてみることです。

やってみて、「あれ？　なんか違う」と感じることもあります。そうしたらまた探し直せばいいだけです。答えは一つではないはずです。

嫌いな仕事では稼ぐ力は身につかない

私はお客様に必ず「嫌いなことはしないでください」と言っています。

その理由は「嫌いなことではまず稼げない」からです。

ビジネスは一回やって終わりではありません。

ある意味、**ビジネスは短距離走ではなく長距離走のようなもの。**

ビジネスは始めるのは簡単ですが、続けることは簡単ではありません。イヤなことを一度我慢すればいいのではなく、それがずっと続くのです。やりたくないことをなんとか我慢してやっていても、継続できる人はほとんどいませんし、何か能力が向上することもあまりありません。

だから、「嫌いなことをする」という選択はナシにしましょう。

これはビジネスの選択の話だけでなく、人生の選択においても同じです。「嫌い」

と思っている時点で体にも心にも悪い影響が現れます。例えば、学生の時に好きな授業と嫌いな授業で、時間が経つスピードが全然違うことはありませんでしたか？　好きな趣味に没頭していたら時間があっという間に過ぎていたことはありませんか？

きっと、思い当たることはあると思います。

では何が好きなのか？　すぐに思いつきますか？

いまやっていることでも「これからやりたいこと」でも思いつくことを書いてみてください。

もし思いつかなかったら、「嫌いなこと・やりたくないこと」を書いてみてください。

「嫌いなこと・やりたくないこと」を書き出したら、「どうしたらそれをやめられるか」を考えて、やめる方法も書き出してみましょう。

人は嫌いなことにはエネルギーを発揮できません。モチベーションも上がらず、辛いことを無理にやろうとしてもうまくいかないのです。ですから、あなたが本気で向き合えるエネルギーを出せることを見つけましょう。

それがもしかしたら起業かもしれないし、自分の望む企業で活躍することかもしれないし、知り合いの仕事を手伝うことかもしれない。自分が好きなこと、やりたいことをやっている限り、可能性は無限大です。

いま嫌いなことを仕事にしていたとしても、最終的にはあなたが選んだからそれをやっているわけです。

でもイヤだと気付いたなら、辞めてもいい。その選択も自分次第です。

そして、好きなことは楽なことばかりではなく、大変なこともあるかもしれません。でも好きだから楽しんでやれるはずです。ですから自分の好きなことを仕事にしていきましょう。

「好きなことで仕事なんて甘いよ」という人がいるかもしれません。

でもそんなことを言う人は、嫌いなことを仕事にしている可能性が高いです。

「好きなことを仕事にしている人」のアドバイスは参考にしてみてもいいのですが、好きを仕事にできていない人の言葉には耳を傾ける必要はありません。

なぜなら好きなことを仕事にしている人は「嫌いなことをやりなよ」なんて言わないからです。

「嫌い」から「好き」を選ぶことをしてみてください。

好きなことをしているあなたは、とてもいい顔をしているはずです。

「できない」という言葉はすべて嘘

自分で稼ごうと決めた時、いざやろうとしたこと、やりたいと思っていたことに対して、「できない」という言葉の壁にぶち当たる時があるかと思います。

「やってみたいけど、私にはできそうもない」

そんな思いがよぎるかもしれません。

でも、覚えておいてください。「できない」という言葉は、すべて嘘です。

「できない」の反対は「できる」ではありません。

「できない」の裏側にあるのは「やってみたい」という好奇心です。

「やってみたい」という好奇心の裏側には、「きっとできない」という恐怖心がついてまわります。まるでコインの表と裏。この二つに心は揺さぶられています。

この「できない」という言葉の奥のほうにある恐怖心の根源はなんでしょうか。

「できなかったら恥ずかしい」
「周りにやっぱりできなかったと言われるのがイヤ」
「うまくいかない姿しか想像できない」
「失敗したらプライドが傷つく」

というものではないですか。

つまり、「できない」というのは本当にできないのではなく、ほとんどが「きっとできない」「失敗したら怖い」というものにすぎません。

でも「私にはできるはずがない」と思いこんでいることは、本当はやってみたいことなのです。

そこで**自分を突き動かす一つの方法は、「好奇心を優先する」**というマインドです。

誰だって初めてやること、やったことのないことは恐怖心が先に立ちます。初めてやることは怖いのです。

好奇心という心の声に従おう

小さい時、自転車に乗る練習をしたことがありますよね。

最初は「できない」と思いながらも、「自転車に乗ってみたい」「乗れるようになりたい」と思いながら、何度も練習して乗れるようになったはずです。

何回転んでも挑戦したのは、「自転車に乗れたらどんな楽しいことがあるのかな」と楽しい未来が想像できたからだと思います。

「できるかもしれない」「きっとできる」と思っていることであれば、人は「できない」ことも「できる」になるのです。

事実、「できなかった」自転車が「できる」になったのです。

子どもの頃は恐怖心を乗り越えるだけの好奇心を誰もが持っています。

それが大人になると、好奇心よりも恐怖心が強くなってしまいます。これまでの経験から、自分にできること、できないことをやる前から決めつけてしまっているのです。

子どもは行動力の塊ですが、大人はそうではありません。頭で考えすぎてしまい、恐怖心が先に立ち、好奇心のままには動けなくなり、自分で自分を縛りつけてしまうのです。

だから大事なのは「やってみたい」という好奇心に従うこと。

「やってみたい」という心の声に気付いたら、「やってみる」に変えることです。できないというのは、本当はやりたいけど何か理由があるから我慢しているにすぎません。

理由は時間かもしれないし、お金かもしれないし、家族のことがあるからかもしれない。いろいろな理由があると思います。女性だから、お母さんだから、妻だから、娘だからと理由はいくらでも作られていきます。

私自身、起業すると言った時、「お前には無理だ」という人がほとんどでした。でもどうしても変わりたかったし、できると思いたかったのです。

「できるかもしれない」という一筋の光は、自分で自分を諦めないことで差しこみました。

シンプルに考えてみると、「できない」と言っている自分と、「できる」と言っている自分と、どちらが好き？　ということです。

自分とはこれからもずっと付き合って生きていく必要があります。

その人生の中で、どちらの自分で生きた方が楽しそうでしょうか？

大事なのは「私なら、なんでもできる」と信頼してあげること。

できないことを責める必要はまったくありません。「できない」は事実ではないからです。

あなたが理由をつけて、できない自分にしているからできないだけ。本当に何か理由があってできないのならそれを改善すればいいのです。

もちろん、最初から完璧を目指さなくて大丈夫。

大事なことは、「やってみたいこと」の一歩を踏み出し、「やってみる」に変えること。自分の中の小さなハードルを毎日少しずつ越えて行くと、できなかったことがあっさりできるようになっていきます。

いきなり高い目標にしてできないなら、少し目標を下げればできるはずです。

「自由」という責任を負う

これまで生きてきた中で、仕事やお金に自由か不自由かを意識したことはありますか？

そもそも「自由に生きる」とはどういうことでしょう。

何かのせいで、誰かのせいで、やれないことがあるなら不自由かもしれません。

不自由とは、「自分のやりたいことに蓋をして縛られている状態」のことです。

不自由には不便や我慢がありますが、責任は誰かに渡しています。親や夫、子ども、家族、恋人、友達、会社の同僚など、「誰かがこう言うからできないんだよね」というのは言い訳にすぎません。

私の場合、昔は周りのせいばかりにしていました。

「いまこんな状況なのは誰かのせい。私は被害者なんだ」と思い、誰も私を助けてくれないなんてと悲劇のヒロインになったかのように、人生に絶望していました。

でもそれはすべて「ただの言い訳」でした。

自分の責任だと受け止めると傷ついてしまうから、誰かのせいにして逃げていただけでした。

自由はその逆。

「やりたいことに蓋をせず、自分で選べる状態」のことです。

そして「自由」には、責任がついてきます。自由に好きに何かをするなら、そのために何かの責任が生まれます。

自分の心のスイッチは、自分でしか押すことはできない

自分の人生は自分しか生きられません。

それなのに自分のやりたいこと、成し遂げたいこと、自分らしく生きることから逃げていたら、どうなるでしょうか。

当然、自由も何も手に入れられません。

自分を救えるのは自分だけ、自分を幸せにするのも自分だけなのです。

自分に何が大切で、何がいらないかを見極めてみましょう。大切なことを見つけられたら、心にそっと炎が灯ります。それがあなたの情熱です。自由であるためには、情熱が必要です。

情熱がなければ自由ではいられません。

自由を得たいなら言い訳はやめて、自分に責任を持って自分の中にある原動力を呼び覚ましましょう。

自分の中の原動力のスイッチは自分しか押すことはできません。自分で押した瞬間から世界が変わっていきます。

情熱が灯っているかのシンプルな基準は、「それをしていて笑えているか」です。情熱を与えるには自分が元気であること、笑顔であることが一番です。

「ズボラでもいい、コツコツできなくてもいい」

私たちは一人ひとり、いろいろな性格があって考え方も違います。それは人として素晴らしい個性ですから、そのままでかまいません。仕事をするために自分の気持ちを偽ることはしなくていいのです。

ズボラでも、コツコツやることが苦手でも、ビジネスはできるし、稼ぐことは可能です。

アリとキリギリスのお話はご存じでしょうか。

アリは暑い時期にせっせと働きます。それは冬にゆっくりと安心して暮らすためにはどうしたらいいかわかっているからです。

ビジネスの仕組み作りもこれに似ています。仕組みができるまでは、いつもより頑張らないといけません。ですが、その先にこういう未来があると想像できていたら、やれるはずです。

アリは後で自分たちが楽をするためにある期間だけ頑張ります。

私たちも無理をするときはあります。でも、ずっと続く無理ではなく、少しの間です。

大事なのは仕組みを作ること。

お客様が集まる仕組み。

お客様に価値を提供してお金をいただく仕組み。

お客様にリピーターになっていただく仕組み。

これらの仕組みをきちんと作れば、誰でも経済的な自由を手に入れることができます。それならズボラでもコツコツやるのが苦手な人でも稼げるようになるのです。

そのためにはしっかりと仕組みを作ることが大切です。

「いつか」は永遠に来ません。自分で「いつ」を作ることで人生が変わりだします。

CHAPTER 2

自由を手に入れるための「時間のマインド」

人生の不自由は「自分の時間を生み出せないこと」から始まる

自分がやりたいことをできないのは、きっと自分の自由な時間を生み出せないところから始まっていると思われます。

毎日の生活に追われていると、自分が自由か不自由かなんて忘れてしまうものです。

私は結婚していた時、パートに出ていました。家事、育児、仕事とやっている中、ふと気付くと自分の時間がほとんどありませんでした。

「あー、なんでこんなに時間がないんだろう」

そのときは、そう嘆いてばかりでした。

「私にはこういう生き方しかできない」そう決めつけていたのかもしれません。

誰だって、自由に生きたいという気持ちを持っていると思います。でもそれが仕事や勉強、家事や育児など日々やるべきことに追われて、自分がやりたい生き方なんて考えられなくなっているのかもしれません。

あなたも、自立した生き方なんてできないと無意識に思っていないでしょうか。

少し頭の中でイメージしてください。


自分が何からも束縛されず、自由な時間を過ごせるとしたら、どんなことをしたいですか？

＊

いかがでしょうか。

まったく浮かばなかったという人は、憧れの人のライフスタイルを想像して、自分も同じように生きていることをイメージしてみてください。

大事なのは「できない」と思わないこと。

想像するだけなら「できる」のです。

このときの想像力が人生を左右します。あなたの人生やライフスタイルは、イメージにすごく影響を受けています。自分の人生でいいイメージを作れないなら、それに現実が従ってしまいます。

なぜなら、脳は自分がイメージしたことを「現実に起きること」と無意識的に判断するからです。自分の人生は不自由だと思っていたら、それはそのままです。

そのイメージした時の自分と、いまの自分とどちらがあなたは好きでしょうか？

理想の自分をイメージできれば、実際にそうなればいいのです。

いきなりすべてを変えていくことは難しいかもしれません。でも、憧れの一つを何か現実にすることはできそうじゃないですか？　例えば、憧れの人と髪型を似せてみるとか、似た服を買ってみるとか、その人が行った場所に行ってみるのもいいですね。

「私は自由になれる」そう思うことから自由の一歩が始まります。

一度しかない人生を変えていくのは自分だけです。誰も変えてくれません。

自分の手で自由か不自由か、好きなほうを選びましょう。

「やりたいこと」は全部やりきる

世の中は不平等なものです。才能の有無や能力も家庭環境、財力もすべて平等ではありません。

ただ、時間だけはすべての人に平等に与えられています。

人生で変えられるのは、「何にどれだけ時間を割くか」です。これを意識的に決めることで、人生は大きく変わっていきます。

私たちは与えられた同じ時間の中で、いろいろなことに時間を割いています。仕事、勉強、家事、育児、介護、趣味や自分以外の用事をすることもありますよね。

自由を手にするために大事なことは「自分のために時間を使えているか」です。

私のお客様や働き方のサポートをしている方の中で、うまくいっていない人は自分のことを後回しにしています。

あなたは、自分のことを後回しにしていないでしょうか？

もしそうだと、当然自分のやりたいことは後回しになります。

他人のこと、誰かにやらされていることを優先し、疲弊し、自分のことをないがしろにしていると、本当はあった「やりたいこと」も忘れてしまうのです。

そもそもやりたいことがない場合もあるかもしれません。

毎日忙しいし、疲れているし、明日もまた忙しいから考えないというループにはまっていると、やりたいことは忘れてしまう可能性が高いです。

「自分はどうしたいんだろう？」と考えて、具体的にイメージをして、実際にやれた時をイメージしてみる。すると、自分がやりたいことは意外と簡単にできるようになります。

まずは、自分のやりたいことをリストアップしてみてください。

こういった仕事をしてみたいということから、プライベートで成し遂げたいライフスタイル、行ってみたい旅行先、チャレンジしたい趣味でもなんでもいい。自分がやりたいと思えることを左の点線内に書き出してみてくださいね。

やりたいことを書き出そう

書き出したら、妄想を膨らませながら、実現に向けて本気で向き合ってください。

そのための最初の一歩は、自分のやりたいことに自分が興味を持つ時間を作ること。自分がやりたいことに向き合う気持ちの余裕を持つことです。

そして、いま「やりたくないのに、していること」は手放していきましょう。

やりたくないことであっても手放すのが怖くなるかもしれません。そこを「エイヤ！」と思い切って手放してみましょう。手放した先には、やりたいことができる時間と気持ちの余裕が生まれるはずです。

すると、「我慢する」という前提から「どうしたらできるだろう」と思考のフォーカスが変わっていきます。

あなたが、やりたいことを我慢していても誰も嬉しくないし、ほめてもくれません。自分のやりたいことを全部やれたらどんな気持ちでしょうか。きっと毎日が充実して、笑顔で過ごす時間が増えていきます。

あなたがやると決めた瞬間から未来は変わり始めます。

あなたの望む世界はあなたが動きさえすれば、叶いだすのですから。

「いる時間」と「いらない時間」を分ける

一日の中で毎日私たちは時間を使っています。

使おうと思って使っているわけでもなく、時間はサラサラと流れていきます。時間は誰にでも平等にあります。この中で私たちは時間をうまく使いこなせていないと感じることがあるはずです。

自由を手に入れるためには、時間をどれだけ意識的に使えるかが鍵になります。

大事なのは、「いる時間」と「いらない時間」を分けていくことです。

例えば、睡眠時間は削れないところです。睡眠時間を削って仕事をしても、長くは続きません。体はもちろん、心も頭も正常に働かなくなってしまいますよね。頑張ることは大事なことですが、頑張らないことも同じくらい重要なのです。

では実際に、どう時間を分けていけばいいのか見ていきましょう。

時間のマトリクスというのを聞いたことがあるでしょうか？

重要、重要ではない、緊急、緊急ではないという4つに分けて、第一領域から第四領域まであります。

第一領域は重要かつ緊急なもの

第二領域は重要であるが緊急ではないもの

第三領域は重要でないが緊急なもの

第四領域は重要でも緊急でもないもの

この4つの領域に自分の時間を分けてみましょう。

第一、第二領域に入るものが大事な、時間をかけるべき行動です。そして、第四領域には、暇つぶし的になんとなくやってしまっている、時間を浪費していることが入るわけです。それは例えば、なんとなくネットサーフィンをしている、スマホを見る、ゲームで遊ぶなど意味のない行動です。これらは意識したら減らせるものですね。

私の場合は、子どもがダウンロードしたゲームを子どもの代わりにクリアすることがあります。この時間は意味がないとわかってやっています。

そして、どの時間を増やしていくといいかというと、第二領域の重要であるが緊急ではない時間です。この時間は資格の勉強をしたり、将来役に立つ時間にあてたりすることができます。

何も特別なことをしなくても、本を1冊読むだけでもOK。本1冊で人生が変わることもあります。なんとなく過ごした時間を、自分の未来のための時間と意識するだけでも変わっていきます。

なんとなく寝る前にスマホを見てから寝ているなら、それをいきなりやめるのは難しいかもしれません。少しずつ時間を減らすのもいいでしょう。

何をする時間が自分に本当に必要なのか、選んでいきましょう。

自分にとって「いる時間」だけを選ぶのです。

短く働くことを意識する

働く時間を短くしたい、と誰もが思ったことがあるのではないでしょうか。

では、働く時間がどのくらいになればいいか、具体的に考えたことはありますか？

働いている時間を8時間として、理想は何時間働くことでしょう？


時間を短くしたいと思っていても、「実際には無理だよね」と諦めて想像すらしていなかったかもしれません。

では、今までしてこなかった自分の理想を想像してみてください。

ここでは紙に書くことをおすすめします。

何時間働いて、空いた時間には何をしたいですか？

自分の人生に必要不可欠な時間は何なのかを見つけましょう。

「短く働けるようになったら、何をしたいのか」を考えてみてください。趣味を充実させたいとか、ゆっくりしたいとか自分にとって大切な時間は何かを見つけましょう。

私の場合は、重要だったことは満員電車に乗らないことでした。

通勤ラッシュ時に電車に乗らない働き方をしたいと考えました。子どもがいて、学童保育が終わるまでにお迎えに行けるように働きたいとも思いました。

自分の人生で何をしたいのかを自分で見つけないと時間はどんどん流れていきます。

自分の時間を自由に使いたいと思ったら、自分で何かしてもいいでしょう。長く働かないといけないという思い込みを捨てて、短く働くためにはどうしたらいいかを探しましょう。

時間は増やせないのではなくて、意識して増やしていくのです。

時間を増やすためのコツ

自由な時間を増やすには休みを自分で決められること、休みを決められる立場になることです。わかりやすく言えば、自分のビジネスを始めるのです。自分のビジネスが出来上がってくると、お金と時間の自由が一気に手に入ります。

もちろん、最初からすべてがうまくいくとは限りませんが、頑張った延長線上にお金と時間の自由があると思うと、頑張れるはずです。

また、**会社に雇われていても自分で使う時間をなるべく決める**ことです。

決められた休みですごしているうちは、時間が自由になる可能性は低いです。

決められた休みでもし満足ならいまのままでもいいでしょう。ですが、私たちの生きる時間は長いようで短いものです。

働き方を変えて、自分の時間が増えたら、何をしますか?

諦めないで、自分の時間を取り戻しましょう。自分の休みの決定権を得ましょう。

「ゼロから始めたっていい」

やりたいことと、やれることとの関係は、水とコップで表すことができます。

やりたいことが水。

時間はコップ。

コップに入る水（やれること）の量は決まっています。そして、すでにあなたのコップには水が入っています。

そこに水を入れると、当然コップから水が溢れてしまいます。だからこそ、何をどのくらい入れるかが重要になるのです。

あなたがいつも「時間がない」「忙しい」「休みが欲しい」と思っているとしたら、もうすでにあなたのコップは水が溢れている状態だということです。

あなたがこれから何をやるにしても、まずはコップに入った水を捨てる必要があります。

何かを減らさないとやりたいことは増やせません。

いままでやったことはないけれど、やってみたいなら挑戦していいと思います。何か経験があることのほうが有利かもしれませんが、何かを始めることに早いも遅いもありません。

私自身、パソコンを買うところから仕事を始めました。タイピングが最初にできなかったので、音声入力でパソコンに向かって話していました。

何かの達人じゃなきゃ始めてはいけないわけではありません。スキルや知識がないところから始めてもいいのです。大事なのは、自分のやりたいという気持ちと、これで稼いでいく覚悟です。

スポーツなら若いほうが有利で、小さい頃からやっていたほうが当然上手でしょう。でも仕事は誰がいつ始めてもいいのです。小学生でアプリ開発をして会社を起こしている人から定年後に起業する人もいます。

貧乏OLだった女性が起業して年商数億円になるというのもザラにある話。いまはいくらでもビジネスの種が落ちています。

私のお客様も多くが普通の主婦やＯＬをしている女性でありながら、月収１００万円や２００万円を突破されている方がいらっしゃいます。

「いらない水」を捨てて、欲しい水を一から入れていく

大事なのは時間というリソースを、

「やりたいこと×お金を払ってでも解決したいニーズに対応したもの」

に割けられるかどうかです。

あなたのやりたいことに時間を使ってください。

やりたくないことをしているほど人生は長くありません。やりたくないことで終わってしまったらあなたはそれでどう思いますか？

ゼロからでもやりたいことからやってくださいね。

エステサロン、ネイル、カウンセリング、コーチングなど、様々なビジネスの種が落ちています。

スキルはいつからでも学べ、自分のものにすることができます。

もちろん、稼げるかどうかは仕組みを作れるかどうかにかかっています。でも、それは決して難しいことではありません。わからないなら学べばいいのですから。

まずは自分のコップに入っている「いらない水」を捨てて、自分がやりたいことという水を入れるスペースを作ることです。

あなたの人生は一回限り。

だからこそ、やりたいことをやらなければいけない。もちろん、人生を楽しむのも、楽しまないのも、あなたの自由です。

CHAPTER 3

自由を手に入れるための「人間関係・人付き合いのマインド」

他人との関係よりも、自分との関係が何より大事

オーストリアの精神科医で、アドラー心理学の創始者であるアルフレッド・アドラーは、「人間の悩みはすべて対人関係の悩みである」と言いました。

親、子ども、親族、パートナー、職場……など、様々な人間関係に私たちは囚われています。あらゆる人といい関係を築けている人のほうが少ないのではないでしょうか。

人間関係に囚われていくことで、不自由が生まれます。

逆に人間関係において振り回されない生き方ができるようになると、驚くほど人生は快適で、楽しく輝かしいものになっていきます。

もちろん、人間関係の悩みをゼロにすることはできません。

しかし、なるべく囚われず、振り回されない関係や距離感をつかむことはできます。

人間関係において、一番大事にしたいのは、親でもなく、子でもなく、自分自身との関係です。

あなたは自分のことが好きだと言えますか？

自分との関係が悪くなると、自信を失ったり、自分のことが嫌いになったりします。こうなってしまうと、何をやってもうまくいかなくなり、自由を手に入れることとは程遠い状態になってしまいます。

逆に自由を手に入れている人は、自分との関係がすごくいい状態を作っています。**自分が大好き、自分を信じているから直感や選択も信じられる。自信も生まれ、いつも楽しみながら毎日を生きることができているのです。**

自分自身をやめるのは死ぬ時だけ。切り離せられない関係なら、自分と仲良しのほうが心地いいですよね。

単純に言うと、自分を好きであることが生きやすくなる秘訣です。

自己肯定感を上げろという話ではありません。

「自己肯定感を上げないといけない」と思っているのであれば、あなたはいま、自己肯定感が低いと思っているのです。

大事なのは、いまのありのままの自分を受け入れ、許し、「私はこれでいいじゃん」と思えることが自分との関係をよくする秘訣。

まずは「今の自分」を受け入れることから始めましょう。

自分でいいものだけを選べばいい

そうは言っても、自分のことが嫌い、好きになれないという人もいるかもしれません。

では、子どもの頃から自分のことが嫌いだったのでしょうか？

「おぎゃー！」とこの世に生を受けた瞬間から「自分嫌い」という赤ちゃんはいません。初めて歩けた日、初めて言葉を話した日、あなたは自信満々でとてもいい顔をしていたのではないでしょうか。

自分を嫌いになるのは、自分で自分を否定した時から始まります。きっかけは、誰かに酷いことを言われたり、比べられて傷ついてしまったり、悲しんでしまったことからです。近くにいる大事な人から言われたのならば、純真な心は深く傷ついてしまったかもしれません。

私自身、心にとても深い傷がありました。いじめられた経験もあります。「かわいそう」とよく言われたし、私ってかわいそうと思い込み、悲劇のヒロインになっていました。

傷ついたのは誰かのせいだと思っていました。

悲劇のヒロインをやめる方法は、簡単でした。

ただ「私は幸せ」と言うだけ。

脳は口に出した言葉を、本心かどうかは関係なく、いま起きていることだと受け止めるのです。「かわいそうかも」と思いながらも「幸せ」などポジティブな言葉を口にし続けることで、ネガティブな自分が消えていったのです。

誰かに何かを言われても、嫌な言葉に感じたならそのまま受け取らないことです。

「あ、そういう意見もあるんですね。ありがとうございます」

でいいのです。

あなたが誰かに言われた通りの人間かどうかは、相手にはわかりません。そんな相手から言われた言葉を気にしていても、何も意味がありません。そもそも相手だって、「本気で言っているかどうかもわからない」のです。

不意に出た心ない言葉は、本当に相手すら意識していない思いつきの言葉がほとんど。言った相手だって、その言葉すら覚えていないものなのです。

あなたを傷つけた相手は、あなたの何を知っているのでしょう？

何も知らないし、気にする必要のないこと。

自分だってわからないはず。つまり、正解はないのです。

正解がないということは、自分でいいものだけを選ぶのもOKということ。

私たちは私自身をやめられません。

自分とはずっと一緒にいるのですから、私が私を大事にしましょう。

自分のことを好きになっていたら、あなたの周りも好きで溢れるはずです。

周りの人とうまく付き合わなくていい

苦手な人と付き合わないためのコツがあります。

普通、職場や何かの集まりなどで人は皆、顔を合わせているうちになんとなく知り合いになり、そこから気の合う友だち、仲間という関係性を作っていきます。このなんとなく人間関係を作ることをやめ、意識的に人間関係を作っていくことが、苦手な人と付き合わないためのコツです。

そのポイントは三つ。

一つ目は、良く思われることを捨てること

二つ目は、信頼できる人とだけ意識的につながること

三つ目は、損得で付き合わないこと

三つの中でも「良く思われるのを捨てる」ことが一番大事なステップです。

良く思われたいという心は誰にでもあると思います。

しかし、それがあるばかりに、他人に嫉妬したり、自分のコンプレックスばかりを見て他人と比較したりしてしまいます。この「他人から良く思われたい」と思う心が、女性を不自由にするのです。

「他人から良く思われたい心」を捨てて、「これが自分」と受け入れること。

もちろん、これまで「良く思われたい」と思っていた人は、それを手放す時に少し苦しいかもしれません。でも、自分をありのままに受け入れられるようになると、人生はぐっと楽になります。

周りの人に好かれるために着飾ったり、気遣いをしたり、自分の心を押さえつけたりする必要がなくなるからです。

この一つ目のポイントを意識してください。

二つ目は、「信頼できる人とだけ意識的につながること」です。なんとなく人間関係を選ぶのではなく、自分のためにリスクがあっても協力してくれる人、いつも自分を応援してくれる人、損得なく付き合ってくれる人などとつながりましょう。

逆に自分がそうできる人は大切な人です。

三つ目は、「人と損得で付き合わないこと」です。

先ほど、人間関係を意識的に選ぶと言いましたが、決して損得で選ぶということではありません。損か得かで人付き合いをしていると、薄い関係になるからです。

相手からしても、損得で付き合っている人とはあまり付き合いたくありませんよね。

そして、損得で考えていると、それは自分にも返ってくるものだからです。

「出口の見えない我慢」を捨てると幸せになる

私のお客様の中で、前職で適応障害になってしまったものの、そのおかげでいまの仕事を見つけたという人が何人かいらっしゃいます。一見すると、前職でうまく人付き合いができなかったために精神的な病になり苦労したわけですが、そうなったからこそ、新しい仕事や環境に出合え、人生が変わっていったのです。

そのうちの一人の方の一言がとても印象的でした。

「あの職場でうまく付き合えなくて良かった」

自分が関わりたくないと思っている人には、無理に好かれなくていいのです。そうであるならば、「人に良く思われなくていい」と腹に決めるとかなり楽になります。

どれだけ綺麗な女優さんであっても、みんながみんなその人を好きとは限りません。綺麗な人、可愛い人、演技派な人といろいろな好みがあるものです。

あなたは、世の中の人をみんな好きということはないですよね。

世の中の人も、みんながあなたを好きということは恐らくないでしょう。

あなたをわかってくれる人が一人でもいたら、幸せに過ごすことはできるはずです。

「人とうまく付き合う」から逃げてもいいのです。

自分の気持ちが苦しいまま、周りの人に合わせていると自分の気持ちが壊れてしまいます。

未来が見える一瞬の我慢ならしてもいいかもしれないけれど、永遠に出口の見えないような辛い我慢ならば、捨てた方が自分は幸せになれるのですから。

自分の芯がぶれなければ、あとは何でもいい

「芯」の意味を辞書で調べると「ものの根本。本性。本心。心」と出てきます。心という芯は目に見えないけれど、私たちの体の中で一番大切なものです。

体が傷ついたら目に見えてわかるけれど、心は傷ついても見えないからボロボロになるまで気付けなかったりします。

もし、心が血まみれになっているのが見えたら、なんとかしようと思いますよね。

芯がないと物事や人に流されっ放しになる可能性が高いのです。

「どうせ私なんて」と思っていたらすでに流されています。

「流されてもいいじゃん」と言われるかもしれませんね。

ですが、「どうせ」の状態は自分が傷ついているのです。

本当は大切にしたい気持ちを傷つけられています。自分のその時の気持ちに「悲し

かったね」と寄り添ってみてください。そして、傷つけた誰かを許してあげて欲しいのです。

その人を許すことで、自分の中で傷が癒えます。

私は昔よりいまのほうが「若く見える」と言われるようになりました。

昔の私は「どうせ」と拗《す》ね、諦めの塊のような心をしていました。死にたいとも思っていました。

でもそんな私も変わることができました。

そのきっかけは「自分の人生を諦めたくない」と気付いたことです。

何を大切にしたかったのか、これから何を大切にしたいのかを自分自身で見つけることが大事です。

本当はどうしたいの？

本当はどう思うの？

本気で自分と向き合っているうちに答えは出るはずです。

そこで出た答えが自分の芯になります。

芯がぶれなければ、あとは何でもいい。

こう言うとぶっきらぼうな物言いに聞こえるかもしれませんが、自分の気持ちだけ大切にしていたら良いことしか起きません。

「自分の気持ちしか考えないなんて自己中心的だ」ともしかしたら思うかもしれませんが、自分を大切にできるなら、ほかの誰かも大切にできるものなのです。逆に言えば、自分を大切にできない人は、他人も大切にできないと言えるかもしれません。

それは自分の心が大切なように、相手にも大切な心があるとわかっているからです。

仮にあなたが「何で生まれてきたのかわからない」と思うのなら、片っ端から興味のあることをやってみてください。そこから自分にとって大切なものが見つかるかもしれません。

やってみないとわからないことはたくさんあります。自分の好きなこと、嫌いなことに敏感になってみてください。

想像と現実は違います。ですが、その中でも自分の心がやりたいって言うことをやってみてください。自分の芯を大切にしてさえいれば、きっとなんでも乗り超えていけるはずです。あなたが決めたらできるのです。

怒ってくる人への対応は「感謝する」こと

生きている間に、あなたに対して怒りをぶつけてくる人に多かれ少なかれ会うこともあるはずです。自分の失敗に対して、誰かに対して、物に対して、社会に対していろいろな怒りを持つ人がいます。

怒りは「二次感情」といわれています。怒りが出る前には「一次感情」といわれる感情があります。

一次感情は、「不安」「苦しい」「疲れた」「さびしい」「むなしい」「悲しい」「悔しい」などの感情です。これらの感情が先にあり、それを爆発させるために二次感情として怒りを表現しているのです。

怒っている時は、本当は別の感情があるのに、悲しすぎたり、悔しすぎたりして感情が爆発して怒りになってしまっています。

その怒りは、自分にはできないことをしていて悔しい、自分が挑戦したのに諦めたのが悔しい、私は我慢しているのに楽しそうで悔しい、といったその人自身の過去のできなかったことが関係していることもあります。

ですが、それとあなたは無関係です。

その怒りに付き合ったり、受け入れたりする必要はありません。もちろん、あなたに非があって怒っているのであれば受け入れなければいけませんが、理不尽な怒りや嫉妬などには付き合わなくてもいいのです。

ただ、気をつけてください。怒りのエネルギーは強くて、あなたが何か始める時、始めている時に、あなたが諦めるように仕向けることがあります。

私自身、私がやりたいと思っていることに対して賛成してくれた人のほうが少なかったものです。

全力で私のすべてを否定して、けなしてやめろと言う人もいました。

ですが、**やるかやらないかは自分だけの問題。**

他人がどうこう言う話ではないのですから、自分がやりたいと思うことはやればいいのです。

そして、怒ってくる人にはどうしたらいいのかが大事ですよね。

それは**相手の土俵に乗らない**ことです。

相手の言うことに対して、ただ聞く、感謝する、これだけでいいのです。

「そんな意見もあるんですね、ありがとうございます」それ以上でもそれ以下でもなく、言ってくれたことに対して感謝します。

怒りに対して感謝なんてできないと思うかもしれませんが、怒ってくるその人は自分の人生の大切な時間を使ってものすごいエネルギーを出してくれています。

自分の人生に関係ないのに、人のことをそんなに考えてくれるということは、その人は優しいのです。

そう思えば、怒りに対して怒りで対抗しようとは思わなくなってくるはずです。その人の奥の気持ちまで考えられたら、怒りに対していちいち疲れたり、困ったりしなくなります。

自分の人生に関わってくれる人はすべて必要な人なのです。

人をジャッジすることを捨てる

いい人間関係を築くには、どういう人と付き合うかではなく「自分がどうやって人と関わるか」のほうがずっと大切です。

その一つが、「他人をジャッジする」ということをやめることです。

これを実践するだけで、不要な人間関係の問題から自由になることができます。

人には様々な個人差があります。

お金がある人・ない人、見た目が美しい人・そうでない人、若い人・若くない人、成功している人・していない人、社会的地位がある人・地位のない人……などです。

それらがあるか、ないかで人をジャッジしていませんか。

何かができているから偉いとか、先に達成したからすごいとか、それを尊敬するのは良いことですが、誰かと自分を比べたりすることは、何の意味もありません。

相手を大切にするとジャッジから解放される

私の場合、身長が平均より低いです。運動をしていたので大きくなりたかったけれどなれませんでした。

スポーツを仕事にする人は身長で優位なことはあるかもしれません。ですが、日常ではそれはほとんど関係がありません。

誰かをジャッジしているうちは、自分もジャッジされます。

相手を上や下に見ることは、相手にも伝わります。自分のことを下に見てくる人には嫌悪感を感じたことはないでしょうか。

ママ同士の会話でも、男の子がいないからかわいそうとか、女の子しかいなくてかわいそうとか、一人っ子だからどうとか言ってくる人もいます。ですが、性別や人数は関係なく、「自分のほうが勝っている」と圧をかけてくる人からは人は離れていきます。

自分が自分を認めてさえいればいいのです。

結婚していてもしていなくても、子どもがいてもいなくても、シングルマザーでも誰かにジャッジされる理由は何もありません。

どんなに素晴らしいと言われても、人を上か下かに判断しているうちは、人に優位に立つことに縛られています。

ではどうしたらジャッジから解放されるのか？

それは、**自分の存在と同じように相手を大切にする**ことです。

あなたの素晴らしさと同じように、相手も存在しているだけで素晴らしいのです。

そこに気付き、相手をジャッジしてしまっていたら、もう、これからはやめましょう。

そして、相手をジャッジしていた自分を許し、相手にも心の中で謝りましょう。

実際にジャッジしていたことを謝るのは難しいかもしれません。ですが、あなたの態度でもうジャッジしていないことは伝わるはずです。

人を上とか下とか、相手によって態度を変えずに誰に対しても同じようにできると、不要な人間関係の問題から解放されていきます。

「嫉妬やひねくれた気持ちを捨てる」

人間にはいろんな感情があります。

「なんで自分ばっかり」

「なんであの人ばかりうまくいくんだろう」

嫉妬やひねくれた気持ちも人間らしい感情の一つです。

自分より恵まれた人を見て、羨ましく思えることもあるかもしれません。

私の場合は、妹に嫉妬を感じていました。妹は絵が上手く、母からよくほめられていました。「なんで自分は絵が上手に描けないんだろう」と苦しんでいました。

あなたも自分と誰かを比較し、悩み苦しんだり、妬んだりしていませんか？

嫉妬や自分を責めたりする気持ちを手放せるようになると、心が軽くなり、自由な生き方がもっとできるようになります。

これを解決するには、「自分の得意なことを見つける」ことが近道です。

あなたが得意なことは何でしょうか？

自分では思っていなくても、誰かから「これが得意だよ」「上手だよね」とほめられたことはないでしょうか？

何か一つでも必ずあります。もし、見つからない、何もないと思われたら、自分をほめたくなる行動をしたことを見つけてください。例えば、あなたがこの本を取ってくれたことが、何か変わりたい、いまを変えたいと思って行動していることにはなりませんか。

変わりたい気持ちを持っていることは、私は素晴らしいことだと思います。

嫉妬やひねくれた気持ちはあなたの変わりたい気持ちそのものです。

「どうしてそう思ったの？」と自分に聞いてみてください。

たくさんの「どうして？」という質問の答えの先にあなたの望みがあるはずです。

その望みがわかったら、最初に持っていた気持ちに感謝して、ひねくれた気持ちは捨てましょう。そしてその望みを叶えるために素直になっていきましょう。

CHAPTER 4

自由を手に入れるための「自分でお金を稼ぐ」方法

「お金に対する思考のクセを取り除く」

女性の働き方や起業・集客の支援をしている中で、多くの女性が抱えるお金を稼げない要因があります。それは何だと思いますか？

答えは、お金に対するマインドセットに問題があることです。

別の言い方をすれば、私なんかじゃお金を稼げないと思っている思考のクセ。

最近はお金のマインドの本もたくさん出ていて、お金が汚いという考え方は減ってきたと思います。

しかし、「自分なんかでは稼げない」と思っている人は減るどころか、増えているようにさえ感じています。

経済的な自由を手に入れるためには、まずはこの思考のクセを取り除く必要があります。

人間は無意識の潜在意識が95％を占めているとされ、私たちが意識している顕在意識はわずか5％ほどといわれています。

つまり、潜在意識に「お金が好き」というポジティブな感情を落とし込む必要があります。

私の場合、小さい時に「うちにはお金がない」と母から言われていました。知らないうちに、貧乏になるための英才教育をされていたのです。

お金が好きなんて口が裂けても言えませんでした。でも、実際にはお金は汚いものではなく、自分の好きなことができたりするありがたいものでした。

私のお客様でも、お金をもらうのに抵抗があるという方もいらっしゃいました。プロとして何か商品やサービスを提供したのに、「私なんかがこんなにお金をもらっていいのかな」という気持ちがあったのです。

お金は大事なもの、自分の望みを叶えてくれるものと潜在意識に落とし込んでみてください。

方法は、お金に感謝すること。

お金を使う時に「ありがとう」と心の中で言ってみてください。

「あー、もったいない」なんて思わないでください。

お金を自信満々で受け取れると、思考のクセが変わる

お金は仕組み化の対価です。

価値のあるものを提供したなら、もらわないほうがおかしい。お金を受け取れない、もらえない気持ちになるのは、自分に自信がないのかもしれません。

ですが、もうプロとしてお金をいただく立場ならば、遠慮がちにお金をもらっていたら、お客様からすると不安になります。「この人は大丈夫なんだろうか」「プロじゃないんだろうか」と不安になってしまいます。

大事なのは、サービスや商品を提供する以上、プロとして振る舞うこと。そしてプロが扱っている商品・サービスに自信を持つことです。

それがあれば、自信満々でお金を受け取れます。逆に、自信満々で受け取らないと次はありません。

自分はいくらでも稼ぐことができると自分で信じることが大切です。

どうか「すぐに無理」と諦めないでください。

諦めた瞬間に願いはストップします。

私は自由に稼ぐことができる、と自分で一番信じなければいけません。もし、自分が信じられなかったら、私が先にあなたを信じます。私はあなたが決めたらできるって信じています。

そして「なくなる」という考えを捨てましょう。

「お金がない、お金がない」と言わないこと。思考は現実化していきます。

いくらでも稼げると信じることです。

「そうは言ってもね」とすぐにできないって決めないで、じゃあどうしたらできるかなと、できる思考のクセをつけてみてくださいね。

お金を「使う生き方」から、お金を「稼ぐ生き方」に変わる方法

ここからはお金のマインドだけではなく、自由に稼ぐためのコツを紹介していきます。

お金は基本的に、給与として会社からもらうか、自分で稼ぐかのどちらかで手に入れていますよね。

それではどうすれば自分で稼げるようになるでしょうか。

「自分で稼ぐ生き方になるには、資格を取らないと」と思う方もいるかもしれませんが、資格は不要です。資格なんてなくても稼げるようになります。

逆に、何か資格があれば成功するとは限りません。資格さえ取ればビジネスが成り立つというのは幻想です。

まず、何のために自分がお金を稼ぎたいのかを整理する必要があります。

自分がどうしたいのかを紙に書いてみましょう。

なぜ稼ぎたいのか、何をやりたいのか、それをすることでどんな社会をつくりたいのかをとことん考えてみてください。

価値を作り、人を集めれば、ビジネスはうまくいく

その次にやるべきことは、価値という商品・サービスを作り、人を集めていくことです。

価値とは「その物事がどれくらい誰かの役に立つか」ということです。

お客様の望む変化、ベネフィットは「不」を解決することです。強い価値とは「不」の解決です。

不満・不便・不足・不安などの不に対して、その不を解決することが価値になります。

お客様の「どうしても、それをやりたい、でもできない」ということが商品・サービスになります。

自力でできることは商品・サービスにはならないと考えがちですが、それは自分の視点で見た場合です。

世の中にはいろいろなサービスがあります。

例えば、自宅でやってお金が稼げなくても、掃除をする時間がない人からしたら「家事代行サービス」はとてもありがたいものです。

稼ぐライフスタイルに変えるなら、まずやるべきことは、

「どんな人がどんな悩みを持っていて解決したいと思っているか」を知ること。

結婚情報誌で有名なゼクシィはなぜ売れているのかご存知でしょうか？

いまの時代、ホームページを持たない結婚式場はほぼありません。インターネットに情報はあふれています。

それなのにネット版のゼクシィよりも、本のゼクシィが売れるのです。

花嫁さんの立場から考えると、せっかくやるなら自分らしく最高の式が挙げたいと思うのは当然です。

だから最高の結婚式場を探します。でも自力では限界があります。インターネットではどれだけ見ても、すべてを調べきることはできませんよね。

そこで本のゼクシィの出番です。ゼクシィは式場トップ10とかはやらずに満遍《まんべん》なく情報が載っています。分厚い本ですが、すべて網羅してあるためすべてを見ることが可能です。

つまり、ゼクシィは花嫁さんの式場を決めきれない不安と解消すると同時に、「これだけ見たら最高の式場が選べる」という強い「不」の解消をしています。だから売れるのです。

何かを解決できる価値を作りたいならば、自分が何を商品・サービスにできるか考えてみましょう。

価値があるものには、必ず人は集まります。そしてそれが仕組みになればお金を得ることができるのです。

この時のポイントはすでにうまくいっているサービスを取り入れることです。

「史上初！」「これまでなかったもの」は認知されるまでに時間がかかってしまいます。

自分を磨くためには、すでにうまくいっている人を観察することです。

自分の中の引き出しは案外すぐになくなります。

自分より成功している人を参考にしてみましょう。

「その商品は本当に必要か」を考える

世の中にはいろいろな商品やサービスがあふれています。

私たちも毎日の生活で商品を買っています。買うものは生活にどうしてもいるもの、あったらより良いもの、ご褒美的なものなど緊急性や重要性で分かれています。

まず、どうしても必要なのは、住む場所と食べ物です。

これも最低限からご褒美的なものにまで分かれます。

もし、食べ物について仕事をするとしたら、どんな人をターゲットにするかで取り扱うものも変わってきます。

自分がやりたいことと、それを必要とする人がいなければ売れません。

食べ物はネットショップもあるので場所を選ばずに売ることはできますが、お客様の顔を直接見たいなら店舗をやるほうがいいですよね。

自分がこれで仕事をしたいと思っても、お客様からみて満足するものでなければ、最初は良くても続けていくことが困難になります。

起業の成功率は1年目で40％、５年後は15％、10年後は６％と言われています。言い換えると、10年以内に90％以上の会社が潰れたり、自主廃業になったりしているとされています。

始めるのは簡単でも、続けていくことが難しいのです。

その中で必要とされるには、流行り廃りがなく、長く愛される商品です。

悩んだ人を救える商品なら必要でしょう。

人から必要とされるものしか売れません。

誰が何に対して何を必要としていて、それは自分のしたいことなのかも重要です。

必要な商品だとしても、あなたの熱量がない仕事は続けていけません。そして、昔の自分だったら絶対買うものが売れるものです。

自分が買わないような商品は売れません。「自分だったら絶対に欲しい！」という商品を考えてみてください。

世の中には、たくさんの商品やサービスがあふれています。

その中で最後に大事なのは人です。同じようなものでも、この人から買いたいと言われることです。あなただから買いたいと言わせるのは、人間的魅力ではないでしょうか。コンビニだってたくさんあるけれど、嫌な思いをした店員さんがいるなら、違うコンビニを選びませんか。

内容があって、満足感があって、売る人に人間的魅力があれば必要な商品になっていくと思います。昔の自分なら何が欲しいか思い出してみてください。そこに答えがあるはずです。

自分を売れる人は、なんでも売れる

突然、稼ぐライフスタイルにする、といったときにどうすればいいか迷われる方も多いかもしれません。元手となる資金も知識もない、時間もない。

そんな方にオススメなのが「自分を売る人になる」というものです。

自分を売るというのは、「自分の経験・体験を売る」ことができるということ。

自分に特技はないし、何もないなんて思わなくて大丈夫です。

「自分の好きなこと、自分がお金を使ってきたこと」が仕事になりやすくなります。

私のお客様で「私は子育てしかしてこなかったから、何もない」とご相談に来られた方がいます。

ですが、そうではありません。

「子育てしかしてこなかった」のではなく、「子育てをしてきた」のです。

その経験からコーチングの資格を取って、いまは母親に向けたコーチングをされています。

あなたの経験こそがビジネスの種になります。

自分に対して「ない」を探しているから「ない」にしか目が向かなくなるのです。

自分に「ある」のは何でしょうか？　絶対にあると信じてください。

この世に生を受けている時点で、あなたはとても恵まれています。

そして、人間には「人から良くみられたい」という承認欲求があります。

自分が受けてきた嫌な体験や悲しい体験を人には見せたくないという思いになるかもしれません。

ですが、似た辛い経験をした人が見違えるように生き生きとしていたら興味が湧きますよね。その経験を知ってこの人になら何かお願いしたいと思ってもらえることもあります。

その想いがあれば何の仕事をしてもうまくいきます。

いま何ができるか、いまいる場所で何ができるかを見つけてみましょう。

そして、発信するのです。

いまの時代はＳＮＳを使って発信することでより自分の商品・サービスを知ってもらえます。

見せ方のコツは、「私はこれができます」ではなく、「私を使うとあなたがこうなります」ということです。

何でも売れる自分になるのは、自分の気持ち次第です。

気持ちは自分でコントロールできます。自分でコントロールさえしたら何でもできるのです。何かを始めることに遅いことなんかありません。自分が決めた時がスタートラインなのです。

自分を売るために大事な三つのこと

自分を売っていくことを決めたとして、大事な三つのことがあります。

一つ目は、自分の好きなことをやること
二つ目は、もらう金額以上の価値を与えること
三つ目は、自分にも相手にも誠実であること

一つ目は「自分の好きなことをやること」です。

好きなことでないと頑張り続けることが難しくなる可能性が高いからです。資格があるからとか、周りのすすめでやっていることは、お金を稼ぐことはできるかもしれませんが、続けられない可能性があります。

私の場合、はり師・きゅう師・あん摩マッサージ指圧師の国家資格があります。その仕事を一時期やっていましたが、長く続きませんでした。身近な人に施術するのは好きでしたが、それが仕事になったら「私は人に触るのが好きじゃない」と気付いたからです。この話をすると笑われるのですが、実際にやってみないとわからないことがたくさんあるのです。

二つ目は「もらう金額以上の価値を与えること」です。お客様から見たらお金を払う以上、良い物を買うのは当然の感覚です。満足していただいて当たり前。満足以上に感動することで、またお客様に来ていただけたり、口コミを広げてもらえたりします。

人は感動すると、その感動を誰かに伝えたくなります。それは、誰かに言ってくださいと頼まれたからではなく、お客様が勝手に言いたくなるものです。例えば、ディズニーランドが好きな人は何度でも足を運びますよね。それはその場所に、金額よりも価値のある、心が動かされる感動があるからです。「行って良かった」から「また行きたい」という気持ちになるのではないでしょうか。

あなたが売る商品やサービスも、金額以上の価値を提供できるように意識しましょう。

三つ目は「自分にも相手にも誠実であること」です。

自分にも相手にも嘘がないことが大事です。

２０１８年の成人式当日朝、「はれのひ」という振袖の販売・レンタルの会社が突然休業し、着付け会場に振袖を届けず、スタッフとも連絡がまったくとれないというトラブルを起こしました。

後に「はれのひ」の社長は詐欺容疑で逮捕されたわけですが、新年早々、まさに晴れの日に、待っていた振袖を着ることができなくなった新成人の子たちが悲しんでいるのを見るのは辛かったです。

この事件を例にあげるのは極端かもしれませんが、このような事件は本当に誠実ではない例です。この事件が起きた時に、救いの手を差し伸べた他の誠実にお店をしている人は素晴らしいと思いました。

この三つの大切なことを胸に行動していきましょう。

その時になったらやると思っていても、なかなかできないものです。未来にやりたいことはいまこの瞬間からやれるのです。

心の持ちようは、意識することでいますぐ変えられます。ぜひ実践してくださいね。

本気だからこそお金をかけよう

何かを始める場合に、お金がかかる時とかからない時があります。大人になってから何か始めるなら、お金がかからない方がいいかなと思われるかもしれません。自分のいままでの知識があればお金をかけなくてもいい時もあります。

では、自分がやりたいことだけど自分では解決できない時にはどうしたらいいのでしょうか。それは**答えを知っている人のところへ学びに行くことが近道**です。

例えば、ヨガの講師になりたいなら講師の養成スクールに行き、プロから学ぶと思います。

そして、それには必ずお金がかかります。

お金をかけることは未来の自分への投資でもあります。お金を払って学ぶから、将来的にそれが自分の仕事になり、収入になっていきます。

タダで学べることは、自分自身で勉強することですが、自分がわからないことを最初から勉強するにはものすごく時間がかかります。

ですから、わかる人から学ぶことが近道になるのです。

いまの時代は調べれば、ノウハウは見つけることができます。ただ、その中から何が必要かを調べることに手間がかかるのではないでしょうか。

自分が成長することにお金をかけるのはいいことです。どうしても叶えたいことにはお金がかかってきます。お金をかけたことによって覚悟ができて頑張ることもできます。

かけた分のお金を取り戻すくらいの気持ちで学ぶから身につくことがあるのです。

リサーチしてから始める

世の中にはたくさんの仕事があり、いろいろな人が同じこともやっています。史上初の仕事はあまりありません。何かの進化版が次々と世に出ているような印象です。

そこで、すでに誰かがやっているからやらないのではなく、誰かがやっているならどのようにやっているのかをリサーチすることが必須です。

まず、店舗がいるのか、いらないのかも大きいです。

会社員を続けながら副業でやるのか、法人にするのか、個人事業主でやるのか。

これもどれが自分にいいのかを考える必要があります。

いまはインターネットだけにお店を出している人もいるので、どんなネットショップをどんなふうにやっているかを知ると参考になります。

例えば、手作りしたアクセサリーを売るとしたら、何の販促をするのが効果的なのか、チラシはいるのか、大きなネットショップに載せたほうがいいか、置いてもらう店舗を探すかなど、先にやっている人は答えを出しています。

自分のやりたいことがアクセサリーを作ることだけなら、インターネットに関することは外注にして作ることだけに集中することもできます。

ビジネスは常に後出しジャンケン

自分のやりたいことは、探せば誰かがすでにやっています。

先にやられているということは、すでに競合がいて、多かれ少なかれその競合はシェアを持っているので一見マイナス要素ですが、必ずしもマイナスなわけではありません。

ビジネスというのは常に後出しジャンケンです。

先にやっている人がいるなら、それを学べばいいし、少しターゲットをずらしたり、差別化をしたりすることができます。また、ビジネスがうまくいっている人を分析し、うまくいっていない人から学ぶこともできます。

例えば、エステサロンを経営したいと思っているのなら、すでにあるコンセプトやお客様の年齢層や性別、場所などを知ることで違いを出すこともできます。

自分がやりたいと思ったことをただやるのではなく、どうすれば競合や同業者よりも優位に立つかを冷静に考えなければいけません。

学校のテストはカンニングをしてはいけませんが、ビジネスでのカンニング（真似）はある程度ＯＫなのです。ただ真似をするのではなく、徹底的に真似をして、さらに磨いて、オリジナルにしていく必要があります。

見ているだけでわからなかったら、実際にサービスや商品を買ってみるとわかります。良いところを見て、「さらにこうしたらもっと良かったんじゃないか」という改善点も見つけてみましょう。

ビジネスがうまくいくのも、いかないのも実はほんの少しの差しかないことも多いのです。ちょっとした改善や工夫を意識していくことが、あなたの稼ぐ力になっていきます。

発信力こそが稼ぐ力

いまは誰でも情報発信を手軽にすることができます。ブログ、メルマガ、ライン@、インスタグラム、ユーチューブ、フェイスブックなど様々な発信方法があります。

良いものを持っていても人の目に触れるところに出さなければ誰にも見られません。

誰か人に話したり、ブログで発信したり、何かを自分から伝える力が大事です。

その時に大事なのは、言葉、文章です。あなたが選ばれるために、当たり障りのない文章ではなく、あなたらしさを発揮してもらいたいのです。

あなたらしさはあなた自身では気付きにくいかもしれません。そこであなたが自然に話しているのを録音して聞いてみると、そこにはあなたらしい言葉遣いのヒントがあります。「です」「ます」の口調では普段は話してないはずです。あなたの口癖や、間を見つけてみてください。

あなたの良さは周りの人に聞くのが一番の近道です。

とても良い商品・サービスだとしても、買われない理由は「知らなかったから」が多いのです。

知ってもらうにはどうしたらいいか。

・自分から発信していく
・誰かに発信してもらう

基本はこの二つしかありません。

自分でやることは有料でも、無料でもできます。

誰かが発信してくれるのは、自分を応援してくれる人の無料の発信、または雑誌やインターネットでの集客を助けてくれるものがあります。載せたから必ず誰かお客様が来てくれるわけではありませんが、目につきやすかったり、予約しやすかったりする利点があります。

有料のデメリットは載せる度に広告料を支払うということです。また、自分でリピート客をつかめなければ、やめにくいのです。

そして、何よりも大事なのはファンになってもらうことです。ではどうやってファンになってもらえばいいのでしょうか？

それは、**自分のことを発信するときに「好き」とか「楽しい」、「嬉しい」などポジティブな発信を心がけること**です。

「嫌い」というネガティブな発信は避けたほうがいいでしょう。わざわざあなたの発信を見て嫌な気分になったら、見てくれた人の時間を嫌なことに使わせてしまったことになります。

そして、ファンになってもらうために自分の写真を載せることはもちろん、できればプロフィール写真などはプロに撮ってもらうことをおすすめします。この人に会ってみたいと思わせるような写真をぜひ載せましょう。

あなたの人間性がお客様から判断されます。

作った自分じゃなくて、自然な自分を出してください。

あなたの個性に惹かれた人があなたのところに来てくれるはずです。それはあなたの優しさかもしれないし、厳しさかもしれないし、何をあなたが伝えたいかによって変わってきます。

自分の発信したことに誰かが反応してくれたら嬉しいと思いませんか。自分らしさ満載の発信をしてみてくださいね。

謙虚がお金を連れてくる

この章の最後に、自分でビジネスをしていくときの大事なお話をしたいと思います。

それは「謙虚」であることです。

謙虚とは「自分の能力・地位におごることなく、素直にほかから学ぶ気持ちがあること」と辞書にあります。

成功している人ほど腰が低いです。女性は特におごり高ぶることよりも、自分の評価を低くしてしまう人のほうが多いように感じます。自分を低く言うのは日本の美徳と思われたのは昔のことで、「へり下ること」のやりすぎは自分の能力を現実以上に引き下げてしまいます。

自分を低くする必要はないのです。

例えば、何かお土産を渡すときに、

「たいしたものじゃないんだけど、美味しくなかったら食べなくていいから」

と言われるよりも、

「これ、すごく美味しかったから、食べて欲しくて持って来たの。お口に合うと嬉しいな」

と言われたほうが嬉しく感じませんか。

謙虚とへり下ることは似ているようで、まったく違うことなのです。

私は以前、ある女性起業家の出版記念セミナーに友達に誘われて出席しました。

その時にその方は、とても丁寧にこう言いました。

「今日という大切な休日を私のために来てくれてありがとうございます」

そして、深くお辞儀をされました。感謝に溢れた行動だと思い、私は感動しました。

ご本人のことはあまり知らずに参加したにもかかわらず、私は彼女のファンになりました。

謙虚であることは人を魅了します。見せかけだけの偽物の謙虚でなく、本物の謙虚な姿勢に人は心揺さぶられるのだと思います。

自分がへり下るのでなく、誰が上でも下でもなく素直に生きることで謙虚になっていきます。そうすることで自分が変わっていくのがわかるはずです。

自分が変わることでお金に対しても変化が必ずあります。

自分を等身大で見せながら、誰に関しても平等でいることで人間性に比例したお金が入ってくるようになります。

お金に対しても素直に受け取れることで、謙虚でいながらお金をもらうことができるのです。

CHAPTER 5

大好きなことだけして生きていくために捨てるべきこと

「思い込みの枠を捨てる」

ここからは大好きなことだけして生きていくために「捨てたほうがいいこと」をお伝えしていきます。

まず一つ目が「思い込みの枠を捨てる」ということです。

私たちは、たくさんの思い込みを知らない間に抱え、それに縛られています。

私たちは、世の中の当たり前と思っていることを「正しいこと」だと考えがちです。

例えばランドセルの色。いまはカラフルですが私が子どもの頃は「女の子のランドセル＝赤」というように、なんとなくの常識として刷り込まれています。

ほかにも、女性は家事をしなければいけないとか、料理ができないといけないとか、育児をしなきゃいけないとか、女性だからこうしなきゃいけないといった思い込みがあります。

しかし、それは文字通り思い込みにすぎません。

時代が変われば常識や、当たり前に思っていたことが変わります。

昔、女性は結婚で仕事を辞め、家で家事や育児をするものと考えられていましたが、そんな時代は過ぎ去りました。

いまでは男女がともに働き、一緒に家事や育児をするのが常識になりつつあります。

実際、女性が働き、男性が主夫や育児をされているご家庭だってあります。

「女だからこうでなければならない」というのは誰かの勝手な幻想です。

誰かがこうしなきゃいけないと言ったことを破ったら生きていけませんか？

それは破っても生きていけることです。

ただの思い込みは私たちを苦しめることがあります。なぜ苦しむのかは、その思い込みを守らないといけないと思い込んでしまうからです。

親の期待、周りの期待、誰かの期待に潰されそうになったら、その思いは捨てていいのです。自分の人生を誰かのせいで終わらせるのはとても悲しいこと。

思い込みの枠を壊して、本当の自分はどうしたいのか心の声を聞いてください。

あなたの本当の希望はあなた自身にしかわかりません。思いを口に出してみてください。素直な気持ちを出すと気持ちはスッキリするはずです。

私は昔「悲劇のヒロイン体質女」でした。

いつも、自分はかわいそうな人間と思い、無意識に不幸な女のように振る舞っていました。それに共感してくれるのは同じ思いをした人だけ。不幸な話をすると不幸も寄ってきます。

こういった様々な勝手な思い込みが、不自由を生み出しているのです。

もし、あなたがいま「私は○○だから、こうでないといけない」という思いに駆られていたらちょっとだけ立ち止まって考えてみてください。

それがこの先ずっと続いていたら幸せですか?

もし違うなら何か小さなことでもいいので行動してみてください。思っているだけでは何も変わりません。あなたの行動が未来を変えます。

「女だからこうする」ではなく、「私だからこうする」という選択をしてみてください。

「他人からの評価」を捨てる

世の中にはいろいろな人がいて、勝手に評価をしてくる人もいます。

ラインやツイッター、インスタグラム、フェイスブックなど多くのＳＮＳが当たり前になってきたことで、多くの人とつながるようになりました。

そこで起こったのは、「他人からの評価の見える化」です。

友達が何人もいる、誰と友達である、「いいね」やフォロワーがこんなに多い……など、他人の評価が可視化されるようなったのです。

私たち自身も直接は言わなくても心の中で評価したことはあるのではないでしょうか。見た目が可愛い、綺麗、上品とか、内面が優しい、癒されるなどほめる評価と真反対な評価もあるかもしれません。

ほめられたら、それに対して感謝や謙遜の言葉を言う人が多いはずです。

では、批判された場合はどうでしょうか？

批判に対しても、実は同じ対応でいいのです。

批判に対して何か反応することは、自分の時間がもったいないことなのです。あなたがそう思わないなら、言った人に対して何か感情を向けることが時間の無駄使いになります。

SNS上でも、匿名で意見を発信することができます。インターネットで、あることないことを言われたらイヤな気持ちになるかもしれません。でも、気にすることはないです。

顔も名前も出さないで、誰かを評価する人間の言うことに苦しむ必要はありません。本気で批判してくる人や直接会って目を逸らさず言ってきた人の意見なら聞いてもいいかもしれません。

ですが、わざわざ知らない誰かに何か言われたところで、それでやりたい何かをやめてしまうほどあなたの勇気はやわじゃないはずです。

家族や身近な人から「そんなことしないほうがいい」と言われることもあるかもし

れません。本気で心配してアドバイスしてくれていることもあります。

ですが、そのアドバイスを聞いてやめてしまったら、何も変わりません。誰かから肯定されるからやるのではなくて、自分がやりたいからやるのです。

近くにいる人に反対されるのは辛いことです。やる前に話すのではなく、うまくいってから「実はね……」と打ち明けてもいいかもしれません。

人の目を気にしすぎて動けないと思っていても、人は案外あなたを見ていません。

みんな自分自身には興味はあっても、他人にはないものです。

自分のやりたいことに集中していたら、人の目は自然と気にならなくなるはずです。

良い女・良い母・良い妻であることを捨てる

「～なければならない」という強い思い込みがあります。漠然とある「良い〇〇像」です。なんとなくそれが良いと世の中で認識されてしまっている偏見。女性でいうと、

・良い女
・良い母
・良い妻

が代表例です。
これらに囚われてしまうと、女性はどんどん不自由になっていきます。それらは勝

手に期待され、押しつけられている偏見にすぎません。

「良い女」といっても、男性目線と女性目線では随分違ってきます。男性の言う「良い女性」になっても、ただ男性にとっての都合の良い女にすぎません。

自らこうなりたい、ということではなく、相手の期待に沿うよう行動しているわけですから、自分らしさが失われてしまいます。

次に、「良い母」でなければいけないという思い込みは、海に投げ捨てていいです。

死ぬまで演じ切ることができるなら良い母の役を演じてもいいかもしれません。でも、母親だって人間です。感情はあるし、いつもニコニコなんてしていられません。子どもに対して愛情があればそれでいい。家事・育児を完璧にこなすなんてとてもできません。手抜きをしてもいいですし、自分の加減でやればいいのです。

最後に「良い妻」です。良い妻とはなんでしょう。文句も言わずに家事・育児・仕事をして夫を大事にする人でしょうか。

私は「良い妻」は夫次第だと思っています。妻に感謝している男性の妻は、自然と良い妻になり、逆にぞんざいな扱いをされた妻は、心がすり減ってしまうでしょう。
心がすり減っていくと一緒に生活するのは苦痛になってしまうかもしれません。

「良い○○」なんて相手から見た「都合の良い」にすぎません。相手の期待に応えようとするのではなく、自分の気持ちに正直に生きたほうがいいのです。

人は何度も生まれ変わっているという考え方があります。

それが本当かどうかは別にして、仮に前世や来世があったとしても、あなたがあなたでいられるのはこの一生だけです。

ですから、作り物の「良い」に埋もれている暇はありません。

誰の人生でもない、あなたの人生です。

「私はこうしたいんだ」

そう心の中にある思いを口に出したことはありますか?

「本当はこうしたい」「次はこうしたい」と小さな希望でも口に出してみると、現実が変わっていきます。小さく感じる一歩でもとても大きな一歩です。

相手の期待や理想像なんて捨てて自由になりましょう。

敷かれたレールは捨てる

人生には、見えないレールが敷かれていることがあります。

それは、人生に不自由を生み出す原因の一つです。

「この道をたどれば幸せになれる」

「この道をたどれば成功できる」

など、親がこの職業だから次の代になるとか、いろいろな見えないレールが人生には敷かれる場合があります。

こうしたレールは親が用意することが多く、親が子どものために良かれと思って、人生を決めたり、将来の道を用意していたりするのです。

しかし、本人にとっては、その人生のレールがあることで悩みや苦しみが生まれてしまうことにもなるのでしょう。大人になるにつれて「このままでいいのだろうか」

という疑問が出てくるのではないでしょうか。

親が用意したレールの上にいると、行動や思考の選択にいちいち親が入ってくるようになります。

こうしたら親が喜ぶから、こうしたら親が悲しむからなど、自分のことなのに親が判断基準になってくるのです。自分自身がそれでいいならいいかもしれません。でも心のどこかで、「本当はこうしたいのに」という思いがあるのかもしれません。

大事なのは自分がどうしたいかです。

親が言ったことに対して、自分の気持ちを殺し、言うことを聞いていたら誰の人生かわからなくなります。

誰の人生を歩んでいるのか？

あなたが自分で選ぶのです。子どもであれば、ある程度親の言うことを聞かざるをえませんが、もう立派な大人であるはず。

敷かれたレールは壊していいし、降りていいのです。

自分で選び、決めた道を進むほうが、きっと人生は楽しくなります。

自分の人生は誰かが代わってくれるものではありません。レールに乗っていて、こんなはずじゃなかったと責任転嫁したくても「自分が好きで選んだ道」です。

後悔しない選択をしてください。レールを降りないと決めることがあなたの判断ならば、それは良い判断で、あなたが選んだ道です。

ですが、それを次の代には受け継がないで選択を自由にしてもらいたいと私は思います。

たくさんの選択肢の中から、あなたと同じ道に行きたいと言われたら手伝ってあげればいいのです。

誰かに自分と同じ道を強要しないことで、自分で選ぶ選択肢が見つかります。

自分で敷いたレールから降りてもいい

見えないレールは誰かが敷いたものだけではありません。

自分自身でこうなりたいと決めて進んできた道もあるでしょう。自分が決めたことだから必ず達成しなければという強い思いもあるかもしれません。

自分がなりたくて選んだはずなのに、やってみたら何か違うということはなかったでしょうか。

先にも述べましたが、私の場合は、はり師・きゅう師・あん摩マッサージ指圧師の国家資格を持っています。小さい時によく母の足を揉まされていて、それに加えて高校の柔道部でよく怪我をしていたので、自分に向いていると思い資格を取りました。

ですが、身近な人を触るのは平気だったのですが、初対面の人に触るのが苦手だと感じました。

雇われてやっているときは「この仕事をすればお金がもらえるから」と割り切れましたが、いざ自分で開業してみようかと考えたときに「人に触るのが好きじゃない」とはっきり気付きました。

自分が学生時代から頑張って、希望の進路に行き、就職して夢が叶ってみてから、「あれ何か違う?」と思う人もいるでしょう。

自分が決めたから続けなきゃいけないわけではありません。自分で決めたことでも違うと思ったり、何かやりたいことができたりしたら、方向転換をしてもいいのです。

その時に必要なのは覚悟です。

何を言われても、ほかにしたいことができたと言い続ける覚悟がいります。

結婚していて、収入の良い仕事をされている人ほど周りから止められます。その制止を振り切る覚悟がなければ行動していけません。

自分で決めた道だからこそ、違う道に行くのが怖いという気持ちもあるでしょう。ですがやってみないことには、それがいいか悪いかなんてわからないのです。

行動するからこそわかることがあります。

やってもやらなくてもあなたの人生です。

自分が望むなら、新しい道を進んでもいいはず。あなたの人生はあなた自身が選ぶのです。

レールから降りても降りなくても自分が幸せな方を選択してくださいね。

「悲劇のヒロイン」を捨てる

「自分はこんなにかわいそうなの」
「私の人生にはなんでこんなに悲しいことばかり起こるの?」
「私は悪くないのに、どうして私ばっかり」

もしもこんなふうに思っているのなら、あなたは悲劇のヒロイン体質です。

悲劇のヒロインとして生きることは、不自由そのものだと言えます。なぜなら、自分の可能性を閉じて、変化をできなくしてしまうからです。

悲劇のヒロインになる人の特徴は、自分が望んで悲劇のヒロインになっているということ。私自身がそうでした。小さい頃からよく「かわいそう」と言われていて、「自分はかわいそうなんだ」と思い込んで生きていました。

悲劇のヒロインは映画やドラマではいいかもしれませんが、実際には自分が変わらないことを肯定しています。

「私はなんてかわいそう、だから変われないし、変わらない」

そう宣言しているのです。

あなたはどうですか？

口では「変われない」と言いながら、心のどこかで変わりたいと思っていませんか？

誰のせいにもせず、自分の責任で自分が幸せだって言いたいと思っていませんか？

「何かのせいで変われない」というのは言い訳です。

変わりたいなら変わっていい。それがあなたの希望なら言ってみましょう。

例えば、本当は毎日早起きしてお弁当を作るのが辛いとか、一人の時間が欲しいとか、もっと好きなだけ寝たいとか、旅行に行きたいとか、この資格をとってみたいとか、働きたいとか、介護を一人でやるのは辛いとか、人それぞれ何かあるかもしれません。

我慢して辛いことを一人で抱え込む必要はありません。

辛いことは辛いって言っていいのです。

あなたは悲劇のヒロインではありません。

どうか自分の人生を楽しんでください。家族の問題ならば、みんなで話し合ってください。どうか、一人で悩まないでください。

必ず解決できる方法はあります。辛いことに立ち向かっていかなくても、時には逃げていいのです。

悲劇のヒロインは一日も早くやめましょう。

あなたはかわいそうなんかじゃありません。

自分を救えるのは自分だけ。誰も助けてはくれません。

あなたがあなたの人生の主役。あなたはそれに気付くだけで変われるのです。

「私はどうせ変われない」を捨てる

書店に行けば自己啓発本はたくさん並んでいて、インターネットでもそういった情報は手に入れることができます。何が自分に正解なのか、どれなら救ってくれるのか、今度こそ変われるんじゃないかと本を手に取ることもあるかもしれません。

ですが、こんな気持ちは浮かんでないでしょうか。

「そうは言ってもね」「この人だからできるのよ」などです。

あなたも「私はどうせ変われない」と思い込んでいませんか。

私のお客様で、精神的な疾患を抱えて、それを乗り越えてカウンセラーになった人がいます。女性の集団にいるとうまくいかず、上司からパワハラを受けたことが何度もあったそうです。

彼女が変わったきっかけは、「この人に起業ができて、自分にできないはずがない」と思って行動したことでした。

自分で気付いて選んだことで変わっていったのです。

やりたいことなのに、なぜか「自分はできない」という未来を先に選んでしまうことがあります。

それの理由はいくつかありますが、シンプルに言えば「逃げている」のです。

・怖いから逃げる
・変われなかったら、自分にがっかりするから逃げる
・傷つくことから逃げる

また傷つくのも幻想です。勝手に思って勝手に傷つく完結を想像しているだけです。諦めと拗ねた気持ちと混じっているかもしれません。

それはやってみてもできなかったことが過去にあるからです。やってみたことはあるけど、どうせまた失敗するからやらないことを無意識で選んでいるのです。

過去に失敗したことは失敗ではなくて、ただの出来事。いまのあなたは「過去」を生きているわけではなく、「いま」を生きています。

過去と未来を結びつけることはやめましょう。

過去に何があっても、同じことが起こるとは限りません。

傷ついたことを許して、過去から抜け出してください。人生で何も失敗したことがない人はいないはずです。

それに囚われて生きるか、生きないかは自分で選べます。

あなたはどちらを選びたいですか？　どちらでも自由に選べます。どちらでもいいならぜひ過去から解放されて生きてもらいたいと思います。

人生は思い通りです。あなたの未来は自分でつくれるのです。

「苦労しなきゃいけない」を捨てる

よく「成功するためには苦労しないといけない」なんて言われます。

苦労とは、物事がうまく行くように、精神的・肉体的に励むこと。逆境にあって辛い目にあいながら努力することと言われています。戦後しばらくは確かにそうだったかもしれません。ですがいまは時代が変わってきています。

「遊ぶように仕事をするからうまくいく」なんて言う人もいます。

ではなぜ苦労しなきゃいけないと思うのか？

それは苦労した人に話を聞いたからです。

そういう人は「苦労がいいこと」という思い込みがあります。

「自分がした苦労はあなたも味わわないといけない」という妬みに似た感情です。

私の友人で、義母から「この先は大変なことしか起きないから。苦労するんだよ」

と不幸の予言をされた人がいます。

なぜ、人の未来を大変だと決めるのか。やはりそこには、根深い気持ちが隠されています。自分と同じ苦労をせず、楽しく成功するなんて許せないと思っているのです。

楽しみながら仕事をすることが罪なのでしょうか。

人は辛いことに力を発揮できません。

人がパワーを出せるのは、好きなことをするときです。

好きなことは誰かからは苦労に見えたとしても本人はまったく苦労なんて感じていないのです。

もし、苦労しないといけないと言ってきた人がいたら、その人は昔苦労してきた人です。でも、あなたが同じ苦労をする必要はありません。

どうか、楽しんでやれることを探してください。楽ではなく、好きだからやれることを見つけてください。楽と楽しいは同じ漢字でも意味は全然違うのです。

「エゴ・承認欲求」を捨てる

人からちょっとでもよく見られたい、良い人と思われたい、そんな気持ちがあるならばそれはエゴ（ego）です。エゴを日本語に訳すと、「自我。自己を対象とする認識作用で哲学や精神分析で用いられる概念」という意味になります。また自尊心や利己主義な考えという意味合いで用いられることもあります。

英語で利己主義のことを「エゴイズム」と言い、利己主義者のことを「エゴイスト」と言います。日本語としては、主にエゴイズムの意味合いで使われることが多いです。

エゴの代表は、

・嫌われたくない
・好かれたい
・承認されたい
・支配したい

などです。あなたは、「そのままの自分を見せたら嫌われてしまうかも」と思って、本当の自分を偽ってしまったことはないでしょうか。

偽りの自分には、偽りの自分にあった人が近づいてきます。それでますます本当の自分を出せなくなってしまうことがあります。

「素敵でなければならない」など「○○でなければならない」なんて自分に呪いをかけているようなものです。

あなたはあなたのままでいいのです。それはおごることなく、謙虚に何事にも感謝できる自分ではないでしょうか。

誰かに嫌われたって生きていけます。誰かに承認されなくても生きていけます。誰かの評価がなくても、あなたはあなたのままで素晴らしいのです。上っ面だけで好かれてもそのメッキは簡単に剥がれます。いらないメッキは最初からなくていいのです。

ではエゴに対してどうしていけばいいか？

それはエゴに自分で気付くことです。「あ、いまエゴだった」と気付くことでエゴを手放せます。

誰かに好かれる自分じゃないとダメですか。そんなことありませんよね？

あなたがあなた自身を好きならばそれでいいのです。あなたがあなたを好きなことはエゴではありません。

一番近くにいる自分をエゴから手放していきましょう。

CHAPTER 6

大好きなことだけして生きていく自分に変わるルール

あなたは存在しているだけで素晴らしい

ダイヤモンドがなぜあんなにも高い値段なのかわかりますか？

その辺に転がっている石と何が違うのか。

それはダイヤモンドの希少価値が高いからです。その辺にもし落ちている石がダイヤモンドならば、価値は高いものにはなりません。

ですが、**世の中にはダイヤモンドよりも希少価値がある人がいます。**

それは「あなた」です。

あなたと同じ人はいません。何もしなくても存在しているだけで価値があります。「そんなことない」と思わないでください。仕事ができないとか、家事がうまくできないとか、そんなことでも人間の価値は決まりません。

例えば、赤ちゃんはどうでしょう？

赤ちゃんは自分で生まれてすぐは寝て、授乳されて、泣くくらいしかできません。それで価値がないと思う人はいないのではないでしょうか。ただ存在しているだけで愛おしい存在です。

私が専業主婦の時、お金が稼げていないから価値がないと言われたことがあります。でもそれは間違いでした。自分で「自分には価値があるんだ」と認め、自分には価値があると思うことを許しました。

自分の命はたった一つです。私に至るまで一つ一つの命が繋がって、私の前にご先祖さまがいて、ご先祖さまのずっとずっと前にはこの命は宇宙に繋がっています。それは奇跡です。

ご先祖さまの誰か一人でもいなかったら、存在しなかった自分です。価値がないわけがないじゃないですか。

自分の価値を値踏みしてはいけません。どうか自分の価値に気付いてください。

そして、あなた以外のすべての人も、あなたと同じように素晴らしい価値があることを覚えておいてください。

毒親と自分を切り離す

「毒親」とは、毒と比喩されるような悪影響を子どもに及ぼす親、子どもが厄介と感じるような親を指すものです。身近な毒は、知らない間に感覚を鈍らせます。毒であると同時に大事な親です。子どもは嫌われたくないから言うことを聞くという支配下に置かれます。自分の親が毒親だったと気付くのはかなり遅いことが多く、抜け出すのはとても大変です。

私の場合、母から「産まなきゃ良かった」と言われたことがあります。自分を産んだ母から存在を否定され、子どもだった私はただ傷つくことしかできませんでした。私の顔は父によく似ていて、母は自分に似た妹だけを可愛がりました。母は、妹には言わない酷い言葉を私にたくさんぶつけました。

子どもにとって一番大切な人からの拒絶は悲しいとしか言いようがありません。大好きな人からの拒絶は心に深い傷をつけます。子どもならなおさらです。

そして誰かに傷つけられた人は、同じようにほかの誰かを傷つけようとします。まるでやり返すことで自分の傷を埋めようとしているのかもしれません。

しかし、傷で傷を埋めようとしても、埋まることはありません。

毒親になってしまう人の多くは、自分も同じように毒親に育てられた経験があると言われています。

これを断ち切るには自分の意志しかありません。

自分が自分を大事にすること、自分が相手を許すことで解決します。

私がこれに気付けたのは、起業を志してからです。

自分ととことん向き合って、「自分のことが嫌いじゃ何もできない」とわかりました。起業しなくても、自分の傷ついた心は必ず癒えます。望んで酷いことをいう人はいません。どうしようもなくて、子どもや誰かを傷つけてしまったのかもしれません。

それでも誰かを傷つけていい権利なんてありません。

負けるが勝ち、で相手にしない

私たちは、人生を楽しむために、幸せになるために生まれてきています。誰かに何か酷いことを言われても、その言葉をそのまま受け取る必要はありません。

「負けるが勝ち」で相手にしないことがまず始まりです。

そのときに大事なのは、冷静に、感情的にならずに、子は親の所有物ではないとわかってもらうしかありません。

親が反対するのは、親のほうが長く生きているので、子どもが目に見えて失敗すると思えば、やめるように言ってくるかもしれません。

でも、自分（子ども）が本当にやりたかったら、親の反対を押し切ってでもやるでしょう。

親に限らず、誰かに何か言われてすぐやめてしまうのは、自分の気持ちを大事にできていないからです。

親と自分は違う人間で、違う人生を歩むのです。

毒親がいたから「私の人生はこんなのなんだ」と自暴自棄になるのは、あなたにとっていいことではありません。

親との関係は「過去」のことで、あなたが生きているのは「いま」です。

親にとって、子どもはいくつになっても子どもですが、だからといって、一生縛られて生きるのは、これほどもったいないことはありません。

何かやりたくて行動するときには、辛くても振り切らないといけない時もあるかもしれません。

ですが、あなたの人生はあなたが決めて行くべきです。

親を優先するのではなく、自分を最優先に考えていきましょう。

毒に侵される前に、そこから離れてみてください。

自分のことは自分で決めていきましょう。

赤ちゃんの頃の自信を取り戻す魔法の言葉

人は生まれてくるとき、自信があるかないかではなく、ただ生きることに必死であり、そこから成長していきます。「生きる」のは本能であって、やらされていることは何もありません。

赤ちゃんの頃に、自信がない表情をしている子はいません。

小さい時は誰もが自信があって、何度失敗してもチャレンジしていたはずです。

大人になって歩けない人はほぼいません。

その理由は、赤ちゃんの頃に何度もチャレンジして歩けるようになったからです。

「いつも自信満々で私すごいでしょ？」と生きていた時があったはず。

ではどうして大人になってから自信がなくなってしまったのでしょうか？

それは子どもの頃に言われた言葉によって「私はこういう人間なんだ」という暗示

を自分にかけてしまっているからです。

例えば、誰かに比べられたり、できないことを指摘されたり、頑張っているのにもっと頑張りなさいと言われてしまうと、気持ちがくじかれ、自信をなくしてしまいます。

私の場合、この世にいてはいけないと思いながら生きていたので、本当に暗い子どもでした。自分のことをそんなふうに思っていたからか、周りからいじめられたりもしました。

ではどうしたら、自分の自信を取り戻すことができるのか？

それはいままで思い込んできたことを自分で理解することです。

自分の嫌なことをすべて書き出し、その原因を思い出してみましょう。

あの時にこう言われて悲しくなって、もうやめようって諦めたんだとか、自分の腑に落とします。

そしてそれを悲しんだことを許します。その想いからお別れをしましょう。

そのためには、「本当の自分の気持ちではなかった」と気付くことが重要です。

小さい頃は自分で判断ができず、誰かが言った言葉をそのまま受け止めてしまいがちです。

あなたの気持ちが真っ直ぐだから起きてしまった事故のようなものです。

あなたは自分に自信を必ず持てます。

答えはいつもあなたの中にあります。

あなたは生まれてきている時点で、とてつもない幸運を持っています。

だからこう思ってください。

「私はとても運がいい、私は恵まれている」と。

人生はいつも思っていることが現実になります。

自信はあなたの思い次第でどんどん良くなるのです。自信はあって当たり前、赤ちゃんの頃みたいな自信をまた持っていきましょう。

「まずは想像から始める」

毎日、朝から晩まで忙しく、すべてが繰り返しの生活になってしまいがちです。自分のことをやりたくても、ほかのことが忙しすぎて、やれない場合もあるでしょう。そうしているうちに、自分が何をやりたかったかを忘れてしまったりすることもあるかもしれません。

大事なのはゴールを始めに決めることと、それをきちんと想像することです。

ヒルトンホテルの創始者のコンラッド・ヒルトン氏のこんな話があります。

あるとき、インタビューをうけたヒルトン氏にインタビュアーがこんな質問をしました。

「ベルボーイがどうやってここまで成功できたんですか？」

それに対してヒルトン氏はそれが愚問かのように、こう答えたそうです。

「ベルボーイがホテル王になったんじゃない、ホテル王がベルボーイから始めたんだ」

ありたい姿から始めればありたい姿に近づける。セルフイメージがいかに大切かということを教えてくれる話です。

だからゴールを始めに決めることでそこへ行くことを想像するのです。

あなたの目標は何でしょうか？

どんな生活が理想でしょうか？

理想の一日はありますか？

それらを24時間で書き出してみましょう。

いまが理想通りならいまの一日を書いて大丈夫です。

人間は一日に7万回ほど思考をしていて、その8割はネガティブなことと言われています。だから書き出す必要があります。

自分の望みは自分にしかわかりません。あなたが遠慮して書いていたら、あなたの意見を言ってくれる人はいないのです。

あなたがなりたいのはどんな自分ですか？
どれくらい稼いでいたらいいですか？

あなたの理想を書いてみてください。
こんなの無理かな、なんて思わずに書いてみましょう。
書いたことによってどうしたらいいか、行動すべきことがわかります。
やってみて失敗しそうだから何もしないなんて、もったいないことです。
もし、失敗してもまた違う方法でやってみたらいいのです。
失敗はやらなくなることだけ。でもやらないのは自分の責任。
やってもやらなくてもどっちでもいいのならば、やるほうが楽しいはずです。
まずは想像してみましょう。
想像だけならできそうじゃないですか。
そして、想像できたことは現実にできます。
あなたの想像次第でものすごい未来が待っています。

「自分だけは絶対に諦めない」

自分がしていることに対して、あれこれ言ってくる人はいます。それに対して言われたからやめるとか諦めるのは、やめましょう。

「ダメ」って言われたからダメなわけじゃありません。

「できない」って言われたからできないのではありません。

自分が言われたことに「そうなんだ」と思って、自分ができないと思ってしまうからできなくなるのです。

誰かに「そんなの無理だよ」と言われたら無理なのでしょうか。

いいえ。自分がやめない限り無理ではありません。

世の中には発明をしてきた人がたくさんいますよね。その人たちが研究で世に名前を残せているのは、何度も実験して、失敗して失敗して失敗し続けた先に成功があったからです。

誰でも1回やっただけで成功している人はいないはずです。

自分には無理なんて思っていなくて、次はこうやったらできるはずと改良して行動していったと思います。

すぐに結果が出ないとやめてしまうのは、自分のやりたいと思う気持ちをないがしろにしているのではないでしょうか。途中でやっぱり諦めたほうがいいかもと思うかもしれません。

ですが、**自分の人生や自分の可能性を、あなた自身が諦めてはいけません。**

自分が思ったことが現実に起こるならば、あなたが諦めたら諦めた思いが現実に起こります。気持ち次第なのです。

諦めないで行動し続けることができれば、人生は変わっていきます。

もう愚痴は言わない

自分が言った愚痴や悪口は自分に返ってくる、という認識はまだまだ広がっていないように思います。脳は主語を理解できないので、愚痴を言うたびに、すぐ自分の耳に入り、自分に言っていることになります。脳はそう判断してしまうのです。

愚痴を言うとその時はスッキリするかもしれません。

大変だねと聞いてくれる人がいても、愚痴を喜んで聞いている人はいないでしょう。

愚痴を言うことで、また同じようなことが起こる未来を引き寄せていることにもなるのです。

人が聞いて気持ちいい言葉を使い、汚い言葉は使わないようにしましょう。

性格は、年を重ねていくと顔に出ると言われています。どうせ出るなら可愛いおばあちゃんに見えるニコニコした顔がいいなと思います。

意地悪な顔をしていたら人は近づこうとしません。

自分の言葉で自分の未来の人相を作っていきましょう。

愚痴をどうしても言いたくなったら、自己完結させましょう。そして紙に書いたりして口に出さないようにします。

誰かに愚痴を言って他人を巻き込むのはやめましょう。

誰かを巻き込むことによって、また自分の耳に同じ言葉が入ってきます。悪循環は自分で止めましょう。


誰かが愚痴を言い出してしまったら、あなたが「愚痴って悪循環なんだよ」と言ってあげてください。

また大切な人には「愚痴は聞きたくない」と伝えることです。伝えるときは「え、なんで聞いてくれないの？」と言われるかもしれません。

ですが、聞きたくない理由を話せば、きっとわかってくれます。

愚痴から解放されることで、あなたの未来は変わってきます。

「成功するきっかけ」はあふれている

世の中には成功している人や自分の好きなことで仕事をしている人はたくさんいます。本やテレビ、インターネットなどでどんなことをしているかも知ることができます。どの人も自信に溢れて輝いて見えます。

その成功した人の話を知ることは、自分を変えるきっかけになります。

きっかけを手に入れた時、それを知っているで終わらせるか、同じようにやってみるかで未来は大きく変わります。

知っていると言うのは、知識として、「ああ、それ知っている、聞いたことある」というレベルです。一方、知ってやってみるレベルはすぐに効果は見えないかもしれませんが、やり続けることによって成果が出てきます。

例えば、ダイエットもその典型です。

痩せたいと思っている人がいて、試したことのあるダイエットはたくさんあるけれど、自分の理想までなかなかいかないことがあります。

そして、また新しい方法が見つかるとやってみる、でもまた続けられないことが起こります。

この時に、きっかけはたくさんあるのに、途中でやめてしまうから結果が出ないのです。

私にはできないと勝手に決めて、勝手に諦めてしまうのはどうしてでしょう。それは過去の失敗や、経験から勝手に判断してやめてしまうからです。

いきなり始めたことは、いつもやらないことなので、変化を嫌う習性がある私たち人間は無意識に始めたことをやめようとします。

「やらない」から「やる」というのは、簡単なようで習慣にすることが難しいともいわれています。

でも本当にやりたい、変わりたいならば、きっかけを自分事として自分で決めることが重要です。それには「何のために」という理由もまた重要です。こうなりたいという目標の先には、「何のために」が必要不可欠です。

それがダイエットならば、痩せて素敵に服を着こなしたい、自信を持って水着を着たい、結婚式や何かのイベントで綺麗な自分でいたいといった理由ですね。

ただ痩せるのではなく、明確な目的ある未来を見つけると、やっていて続けることが楽しくなります。

きっかけを自分事として受け止めてこそ変わっていけます。

自分で気付かなければ、きっかけになりません。

飛んでくるような一瞬のきっかけをぜひ受け止めてみてください。

きっかけを見て見ぬふりするのをやめる

変われるきっかけは溢れているのに、変われないと思い込んでいて、きっかけを見ても「これは私のことじゃない」と無視することがあります。

溢れているのに見ようともしないのは、なぜでしょうか？

チャレンジしたら変わるかもしれないのにしないのはどうしてでしょうか？

これには、失敗や恐れ、諦め、自分のプライドを守ろうとする思いから見ないようにしてしまうことがあるのです。

「やってみて失敗したらかっこ悪いとか、恥ずかしい」

「どうせ自分がやってもダメだ」

「人に私のダメなことなんて見せられない」

などいろいろな気持ちがあると思います。

自分の気持ちを優先して、やりたくないならやらなくてもいいのです。


しかし、やりたいなら、あなたはチャレンジできるし、チャレンジしていいのです。いいか、悪いかなんてやってみなければ結果はわかりません。

やる前から失敗するというのは、自分がダメになる想像した通りの結果が出ているということです。


では、どうしたらいいかは簡単。

成功するイメージを持ちながらやることです。

自分の理想のイメージがきっとあるはずです。


失敗したことがある人は、人の失敗を笑ったりしません。

失敗したことがない人が、人を笑うのです。そして失敗したことがない成功者は一人もいません。失敗してもチャレンジし続けるから変わっていき、いつか成功するのです。

成功する人は失敗に着目するのではなく、「次はこうしてみよう」と次の成功を想像していきます。

あなたが自分できっかけを見て掴むのです。誰もそれを持ってきてくれません。あなたのきっかけはあなたにしか見ることができないのです。

あなたの可能性は無限大です。

無限大のあなたは何を選びますか。きっと、きっかけを見つけて掴み、笑っていると私は思います。

頑張りすぎないほうがうまくいく

応援するときは「頑張れ」と言いますが、「頑張る」とは「困難にめげないで我慢してやり抜く」という意味です。頑張ることは、困難であることが前提になっています。

ただ単に応援する言葉がなくて「頑張れ」になっているのかもしれません。

頑張れと言われる場合の多くは「もう限界まで頑張っているんだけど」という状況。そして頑張ってやっていることはやらされていることが多いのではないでしょうか。

なぜなら好きなことはいくらやっても「頑張っている」自覚がありません。

例えば、ゲームが好きで徹夜でもやってしまう人がいるとします。その人に対して「ゲームを頑張ってやっていたね」と言っても「ただ好きだからやっていただけ」と答えるでしょう。好きなことは頑張らなくてもできることです。

誰かから見たらすごく大変なことでも、好きなことなら本人が楽しくやっていて全然辛いこともなく、やればやるだけ楽しくって仕方のないことなのです。

あなたはいま、頑張っていますか？

もし頑張っていたら、「頑張る」は捨てて大丈夫です。

好きなことには全力でエネルギーを使うことができます。「好き」に対するパワーはものすごいです。嫌なこと、頑張らないといけないことにはあまりパワーは出せません。

やらなければいけないことをどうしたら楽しめるのか、そんな視点が持てたらどうでしょう。

頑張ることを捨てたら、あなたは何ができそうでしょうか。

肩の力を抜いて深呼吸してみてください。

頑張らないでいいことがきっと思いつくはずです。

頑張るのではなくて、何がしたいのか。頑張らないでやりたいことは何か。あなたのやりたいことを楽しんで見つけてみてください。

「人生のメンターを見つけよう」

メンターとは、簡単に言うと支援者です。対話による助言によって相手の可能性を最大限引き出す人です。自分以外の人を元気にする心のあり方を持った人だと言えます。

最高のメンターとは、その人を思い浮かべるだけで元気になれる人と言われています。

そんな存在が心にいるかいないかで人生は大きく変わります。

あなたにはメンターと呼べる人はいますか？

元気になれる存在はいますか？

「もうダメだ」と思った時、「あなたなら大丈夫」と言って、アドバイスをしてくれるメンターがいれば、どんな困難も乗り越えられます。メンターがいることは自分の心の支えになります。

人は一人では弱いものです。けれど、自分を心から信じ抜いてくれる人がいると、人は強くなれるのです。

ビジネスについては、メンターがいるかいないかで、よりその影響がわかりやすく現れます。

結局人は、自分を客観視することができないのです。

自分を売るビジネスをやるということは、お客様やこれからお客様になってくださる人たちにどう見られているかを意識する必要があります。そのとき、どう見られているかを客観的視点とビジネスの視点から見てくれるのが、メンターやコンサルタントです。

・自分の努力の方向性が正しいものになっているか？

・ビジネスのやり方やあり方は間違っていないか？
・作り上げた商品やサービスは本当にお客様の役立つものになっているか？

など、自分で稼ぐためにはアドバイスや気付きを与えてくれる存在が必要なのです。憧れの人や尊敬できる経営者や起業家、コンサルタントでもＯＫです。自分にとって大切な人を見つけましょう。

誰かの答えを否定しない

「否定をされるのが好き」という人はいません。

それなのに自分が否定してしまっていたら、どうなるでしょうか。

誰かの意見は、一度肯定して受け止めてあげることが重要です。あり得ないことだとしても、一旦受け入れる、相手を認めることが自分を認めることにもなっていきます。

わざわざ誰かを否定する必要はありません。

あなたは自分の人生に集中してください。他人のことを否定する時間があるほど人生は長くないのです。

誰かをダメだとか参考にならないと思うならば、何が自分にとって参考になるのかに時間を使いましょう。

自分の人生の時間は、自らの成長のためにだけ使うのです。

自分ルールを他人に押しつけない

同時に「自分のルールを他人に押しつける」のもやめましょう。

私たちは自分の信じている考えやルールを「正しい」と思いがちです。

自分なりのルールが存在していることはいいとは思います。

しかし、自分の常識は、相手の非常識。

相手の常識は、自分の非常識です。

あなたが守っているルールを、守っていない人が身近にいるとイライラするかもしれません。それを理由に、ジャッジして、非難するとまずいことが起こります。

例えば、遅刻が許せないという人がいたとします。

そうすると、その人は遅刻した人を非難します。「人としてどうなんだ?」とまでいってしまうこともあるかもしれません。

ですが、大変なのはこの先です。自分のルールを押しつけていた人は、自分がそれを破ってしまったらどうしようもない罪の意識にかられます。自分が遅刻してしまうと、自分にはもう生きていけないくらいの気持ちになるかもしれません。

他人に自分ルールを課すと、逆に自分を縛ることになります。
他人の挑戦をあざけると、自分が挑戦できなくなります。
他人をジャッジすると、自分へのジャッジがきつくなります。

あなたが「こうしよう」というルールや目標は持つことはいいことです。
でもそれは、あなただけが守ればいいことです。
誰かにそれを強いてしまうと様々なトラブルを生み出してしまいます。
他人は他人、自分は自分です。
自分に対して誇りを持ち、他人に対しても同じように誇りを持っていきましょう。

「答えはあなたの中にある」

幸せの青い鳥を探しに行くお話をご存じでしょうか？

モーリス・メーテルリンクの戯曲「青い鳥」が元になったもので、幸せは探しにいかないと見つけられないという前提で始まるお話です。遠くに探しに行っても幸せは近くにあったとわかってお話が終わります。

実は、本当に大切なものは自分の中にあるのです。

誰かに聞きに行っても、どこに行っても、見つからないのは、それが近くにありすぎたせいです。

何かに対する答えは自分の中にしかありません。

自分の答えを誰かに答えさせてもいけません。自分の人生の舵は自分でとるのです。

そうしないと簡単に、遭難して漂流します。

自分の答えに気付いたなら、それに寄り添えばいいのです。あなたの望みはあなたにしかわからないから。

それを現実にするには口に出すことです。「叶う」という字は十回口にしたら「叶う」という字になっていますよね。今まで叶わなかったことはただ口に出していなかっただけなのです。

これからは口に出して叶えていくのです。

何をしても自由であることに気付き、自分を縛るものから自分を放してみましょう。いつだってあなたの答えはあなたの中にあります。それに気付くためには、自分の望みが不可欠です。

スタート地点とゴール地点がないと、どこにも出発できません。

あなたが何かを始めるために、何か望みを出してみましょう。そこから、スタートです。自分の中から自分の望みを探し出してみてください。

自分のことのように人を祝う

嬉しいことはいろいろあります。何かに合格したことや、結婚、出産、何かの記念日などもあると思います。自分のことだととくに嬉しいと感じるはずです。

しかし、嬉しいことは自分だけに起こるわけではありませんよね。

その時に、どんな気持ちでいるかは、あなたの人生に大きく影響します。

例えば、自分が結婚したいのに、周りの人がどんどん結婚していく時です。焦り、妬みなど嫌な感情が出るかもしれません。

「どうして私じゃないの？」と悲しくなるかもしれません。

ですが、この時に素直に祝えることが大事です。

「おめでとう、幸せになってね」と言えるか言えないかが大事なのです。

いま、起きていることはすべて自分が起こしていること。

ということは、「どうして私じゃないの？」と思っていれば、私はそうならないし、祝えていないのです。

脳は主語が理解できないので、妬んだらそういう現実が引き起こされます。

では、どうしたらいいのか？

人の幸せを自分のことのように喜んで祝ってみましょう。

そうすることであなたの脳は「自分に幸せなことが起こっている」と錯覚します。錯覚したならそれはそのままでいいのです。

人は人、自分は自分とは言いますが、幸せを感じることは分け合っているとも思います。

誰に対しても、自分のことのように祝えたら、幸せなことは毎日のように起こり始めます。

その度に、自分に見返りは持たないけれど目に見えないお祝い貯金をしていることになります。

人の幸せや喜びを素直に祝えないのは嫉妬や僻みです。

その感情は捨ててしまいましょう。

人の幸せに対して、「私はそうじゃないのに！」と自分の問題を人の幸せに絡めて考える必要もまったくありません。

自分がうまくいかないことと、人が幸せなことは無関係です。

あなたが自分のことのように喜んだことは、あなた自身が幸せになった時にまた必ず増えていきます。

毎日の嬉しい気持ちを増やして、あなたのお祝いに向けていい気持ちですごしましょう。あなたにも必ず嬉しいことが起こっていきますよ。

「すごい人に会っても、あなたはすごくなれない」

「ビジネスで成功している人に会ったらなんとかなるんじゃないかな」
「なんとか導いてくれるんじゃないかな」
「言われたことに従ったら成功できるかな」

とか、そんな期待をすることもあるかもしれません。

エネルギーの塊みたいな人に会うと圧倒されるかもしれません。

会えたことで興奮して嬉しくて、「今日から変われるかも！」と思うだけでは変わることはできません。講座などで、会えてそれだけで満足してしまう場合もあります。

同じ場にいる人たちの同じ気持ちや熱気で気持ちが盛り上がる「会場ハイ」になって、その人に会えてよかった、終わり、なんてことにはなっていませんか。

これではあなたの本当の目的は叶っていませんよね。会っただけですから。会っただけでも嬉しいと思いますが、目的が違いませんか？

憧れを持つことは良いことですが、その憧れた人になることはできません。あなたはあなたのやるべきことを探さないといけないのです。

私の場合、起業の初期に思い切って成功者の講座に参加し、出会うことはできたけれど、それで何かが変わるということはありませんでした。それは当たり前でした。どんな講座でも、それはきっかけにしか過ぎません。でもきっかけがあるから自分で気付いた時だけ変わっていくことができます。

成功している人は世の中にはたくさんいて、いろいろな意見を言われていると思います。自分の意志がしっかりしていないと、目的を忘れて、いくつもの講座に参加するだけの「講座ジプシー」「セミナージプシー」になりかねないのです。

何かを学びに行った時、何か一つでも掴んで帰って行動することが大事です。

その時には、あの人がこう言っていたからやるではなく、あの人がこう言っていたことを参考に私がやると決めて、そう決めてからやるのです。

言われたからやるのと、自発的にやるのでは行動するスピードが全然違います。ちゃんと自分事としてやることです。

そうしないと、あの人が言っていたようにやったのに変わらないなど、相手に依存した考え方になってしまいがちです。

依存しているうちは成長することはありません。

すごい人に会えたことはいい思い出にして、会えたことをきっかけにして、どんな行動に変えていくかです。

人生は行動の結果しかリターンを与えてくれません。

自分の好きな自分になっていけばいい

一度生まれたら、その体で自分として生きて行くしか道はありません。どんなに他に変わりたくても変われない自分。

生まれた場所で運命も変わったのでは、こんなはずじゃなかったのでは……と思いながら生きてきた人もいるかもしれません。

私の場合、自分のすべてが嫌いでした。性格も嫌い、見た目も嫌い、自分の存在も嫌い。コンプレックスの塊でした。自分がそうだから、周りの人間もそう思っているに違いないと思い込んでいました。

でも、それは私の勘違いでした。

私のことを私ほど見ている人はいなかったのです。人は自分には興味があっても、他人に興味はないことに気付いたとき、自分の思い込んでいたことが変わり、すべてが変わっていくと思います。

「自分は自分」「自分って最高」と思ってさえいれば、生きやすくなります。

どうあがいても、何を学び、何をしてもあなたは自分の人生しか生きられないのです。

自分に気に入らないことがあるなら変わればいいし、自分が自分の好きな自分になっていけばいい。

いまのままが好きならいまのままでいい。

辛い、かわいそう、何で私ばっかりと思っていたら、そんな気持ちは卒業して、「私は私が一番いい」と思って生きて欲しいと願っています。

おわりに

最後までお読みいただきありがとうございます。

たくさんある本の中でこの本を手に取っていただき、本当に嬉しく思います。

何か一つでもあなたの人生を好転させるきっかけになったらと思いながら、この本を書かせていただきました。


この本で一番伝えたいことは「自分で気付くこと」です。

自分のことにした時に初めて人は変わることができます。

世の中にはいろいろな本があり、「こうしたらいい」「ああしたらいい」と書いてあります。でも、それを読んで「知った」で終わる人がほとんどです。「知った」を「本気で実行してみた」に変化させるのは、自分が行動するしかありません。

私自身、心が死んでいるような状態で生きていた時がありました。

「どうせ私なんて」「私が我慢したらいい」と思っていました。でも、それは単なる思い込みだと気付き、「変えよう」と思って、もがいて変わることができました。

「やっぱりやめたほうがいいのかな、ううんやっぱりやりたい！」

そう何度も思い直しながら、ジリジリとほふく前進するように人生を変えて生きました。一日、一日の進歩はたとえ小さなものであっても、1年前と比べたらかなり進化しています。5年前の自分から見たら今の私は別人に見えるかもしれません。


この本を書いたということもそうです。

私にとって本を出すことは中学生の時からなんとなく描いていた夢でした。

中学生の時、学年だけで行う弁論大会という行事がありました。自分の書いた作文をみんなの前で発表し、私は優勝することができました。それ以来、自分の考えを誰かに知ってもらえるのっていいなと漠然と感じていました。

その時はまだどんな本が出したいかなんてわかりませんでしたが、思い続けること、行動し続けることで叶いました。

そして本を出すためにたくさんの人に助けていただきました。

私に関わってくれたすべての人に感謝しています。

出版塾を紹介してくれた山田マキさん、出版塾の木暮太一先生、出版社の皆様、コーチングの師匠石田健人さん、ライティングの師匠岡田鉄平さん、山田マキさんと会わせてくれた住福純さん、励ましてくれたお客様、友人、家族、親戚の順子さん、君子さん、本当にありがとうございました。

私が本を書くことを一番近くで応援してくれた娘たちにも感謝します。ありがとう。執筆が夏休み中だったために、あまり遊びに連れって行ってあげられなくてごめんね。

私に関わってくれたすべてに感謝しています。すべての女性が自分の気持ちを大切にして「好きをあふれさせる」人生を送れることを願っています。

一度しかない自分の人生をどうか楽しんでくださいね。

そのために自分を自分が一番に愛してあげてください。

どうか自分で自分を幸せにしてください。

自分を幸せにできるならば、あなたの周りは幸せがたくさんあるはずです。幸せの形は人それぞれ。自分の幸せを満喫してもらえたら嬉しいです。

岡村安来子

岡《おか》村《むら》安《あ》来《き》子《こ》

1981年生まれ。愛知県出身。

「女性のための生き方・働き方・稼ぎ方」を教えている起業コンサルタント。人材育成のメンタリングマナー講師。

はりきゅうマッサージ師のパートで月収６万円から起業し、１年で月収20倍以上になる。ブログ読者5000人。１年間で集客の個別コンサル200人以上に指導している。コンサルタントの実績として、１回のコンサルで１週間50万円を売り上げたカウンセラー、エステサロンのスクール生徒をゼロから月収が３倍になったエステティシャン、１日８時間働いて月収70万円だったのが、労働時間４時間になり月収７桁を超えたパーソナルスタイリストなど多数。

自分の人生を親や元夫のせいにして人生に絶望していたが、起業をきっかけに自分自身と向き合い、離婚しても時間と仕事の自由を手に入れた。自分自身を自分で一番応援することで幸せに出来ることを実感。好きなことをする人を増やしたい、「好き」をあふれさせることが使命だと感じている。女性版松岡修造と呼ばれるほど熱い指導で人気。

【ブログ】
https://ameblo.jp/ladyluck-style/

【メルマガ】
https://smart.reservestock.jp/subscribe_form/index/61333

大好きなことだけして生きていく大人の女のルール

「好き」を「仕事」にしてお金を稼ぐ51の方法

2019年 1 月23日　初版発行

著　者　岡村安来子
発行者　野村直克
発行所　総合法令出版株式会社
〒 103-0001 東京都中央区日本橋小伝馬町 15-18
ユニゾ小伝馬町ビル 9 階
電話　03-5623-5121
印刷・製本　中央精版印刷株式会社

ISBN 978-4-86280-659-8
総合法令出版ホームページ　http://www.horei.com/